Albert

Les Justes

Dossier et notes réalisés par
Sophie Doudet

Lecture d'image par
Agnès Verlet

folioplus
classiques

Sophie Doudet, agrégée de lettres modernes, est professeur à l'Institut d'études politiques d'Aix-en-Provence où elle enseigne la culture générale et l'histoire des mouvements littéraires et artistiques. Dans la collection Folioplus classiques, elle a accompagné la lecture de *L'Ami retrouvé* de Fred Uhlman. *La Condition humaine* d'André Malraux, *La Chute* d'Albert Camus et *La Civilisation, ma Mère!...* de Driss Chraïbi.

Maître de conférences en littérature française à l'université d'Aix-en-Provence (Aix-Marseille I), **Agnès Verlet** est l'auteur de plusieurs essais : *Les Vanités de Chateaubriand* (Droz, 2001), *Pierres parlantes, Florilège d'épitaphes parisiennes* (Paris/Musées, 2000). Elle a rédigé le dossier critique des *Aventures du dernier Abencérage* de Chateaubriand («La bibliothèque Gallimard» n° 170) ainsi que conçu et commenté l'anthologie *Écrire des rêves* («La bibliothèque Gallimard» n° 190). Elle collabore à des revues (*Magazine littéraire, Europe, Les Lettres de la S.P.F.*). Elle a également publié des œuvres de fiction, parmi lesquelles, *La Messagère de rien* (Séguier, 1997) et *Les Violons brûlés* (La Différence, 2006).

Sommaire

Les Justes

Pièce en cinq actes

*En février 1905, à Moscou, un groupe de terroristes, apparte-
nant au parti socialiste révolutionnaire, organisait un attentat
à la bombe contre le grand-duc Serge, oncle du tsar. Cet attentat et les circonstances singulières qui l'ont précédé et suivi font
le sujet des Justes. Si extraordinaires que puissent paraître, en
effet, certaines des situations de cette pièce, elles sont pourtant
historiques. Ceci ne veut pas dire, on le verra d'ailleurs, que* Les
Justes *soient une pièce historique. Mais tous les personnages ont
réellement existé et se sont conduits comme je le dis. J'ai seulement tâché à rendre vraisemblable ce qui était déjà vrai.*

J'ai même gardé au héros des Justes, *Kaliayev, le nom qu'il a
réellement porté. Je ne l'ai pas fait par paresse d'imagination,
mais par respect et admiration pour des hommes et des femmes
qui, dans la plus impitoyable des tâches, n'ont pas pu guérir de
leur cœur. On a fait des progrès depuis, il est vrai, et la haine qui
pesait sur ces âmes exceptionnelles comme une intolérable souffrance est devenue un système confortable. Raison de plus pour
évoquer ces grandes ombres, leur juste révolte, leur fraternité difficile, les efforts démesurés qu'elles firent pour se mettre en
accord avec le meurtre — et pour dire ainsi où est notre fidélité.*

Albert Camus

O love! O life! Not life but love in death [1]

ROMÉO ET JULIETTE
Acte IV, Scène 5.

1. « Ô amour ! Ô vie ! Non pas la vie mais l'amour dans la mort. »
Il s'agit de la lamentation de Paris lorsqu'il découvre le corps de
Juliette, sa promise, qu'il croit morte. L'épigraphe fut rajoutée au
moment de l'édition de la pièce en 1950.

Les Justes *ont été représentés pour la première fois le 15 décembre 1949, sur la scène du Théâtre-Hébertot (direction Jacques Hébertot), dans la mise en scène de Paul Œttly, le décor et les costumes étant de De Rosnay.*

DISTRIBUTION

DORA DOULEBOV	Maria Casarès
LA GRANDE-DUCHESSE	Michèle Lahaye
IVAN KALIAYEV	Serge Reggiani
STEPAN FEDOROV	Michel Bouquet
BORIS ANNENKOV	Yves Brainville
ALEXIS VOINOV	Jean Pommier
SKOURATOV	Paul Œttly
FOKA	Moncorbier
LE GARDIEN	Louis Perdoux

Acte I

L'appartement des terroristes. Le matin.

Le rideau se lève dans le silence. Dora et Annenkov sont sur la scène, immobiles. On entend le timbre de l'entrée, une fois. Annenkov fait un geste pour arrêter Dora qui semble vouloir parler. Le timbre retentit deux fois, coup sur coup.

ANNENKOV : C'est lui.

> *Il sort. Dora attend, toujours immobile. Annenkov revient avec Stepan qu'il tient par les épaules.*

ANNENKOV : C'est lui ! Voilà Stepan.

DORA, *elle va vers Stepan et lui prend la main* : Quel bonheur, Stepan !

STEPAN : Bonjour, Dora.

DORA, *elle le regarde* : Trois ans, déjà.

STEPAN : Oui, trois ans. Le jour où ils m'ont arrêté, j'allais vous rejoindre.

DORA : Nous t'attendions. Le temps passait et mon cœur se serrait de plus en plus. Nous n'osions plus nous regarder.

ANNENKOV : Il a fallu changer d'appartement, une fois de plus.

STEPAN : Je sais.

DORA : Et là-bas, Stepan ?

STEPAN : Là-bas ?

DORA : Le bagne ?

STEPAN : On s'en évade.

ANNENKOV : Oui. Nous étions contents quand nous avons appris que tu avais pu gagner la Suisse.

STEPAN : La Suisse [1] est un autre bagne, Boria.

ANNENKOV : Que dis-tu ? Ils sont libres, au moins.

STEPAN : La liberté est un bagne aussi longtemps qu'un seul homme est asservi sur la terre. J'étais libre et je ne cessais de penser à la Russie et à ses esclaves.

Silence.

ANNENKOV : Je suis heureux, Stepan, que le parti [2] t'ait envoyé ici.

STEPAN : Il le fallait. J'étouffais. Agir, agir enfin...

Il regarde Annenkov.

Nous le tuerons, n'est-ce pas ?

ANNENKOV : J'en suis sûr.

STEPAN : Nous tuerons ce bourreau. Tu es le chef, Boria, et je t'obéirai.

ANNENKOV : Je n'ai pas besoin de ta promesse, Stepan. Nous sommes tous frères.

---

1. Beaucoup de révolutionnaires exilés de Russie en raison de leurs activités politiques se sont réfugiés en Suisse où ils n'étaient pas inquiétés.

2. Il s'agit du parti socialiste révolutionnaire créé en 1901 et qui a pris la suite du groupe révolutionnaire « Narodnaïa Volia » (La Volonté du peuple) disparu en 1881. Le bras armé du parti chargé d'effectuer les attentats s'appelait « l'Organisation de combat » dirigée par Azev. Celui-ci dénoncera nombre de ses camarades à la police du tsar, dont Boris Savinkov (Annenkov dans la pièce) qui commanda l'attentat contre le grand-duc Serge.

STEPAN : Il faut une discipline. J'ai compris cela au bagne. Le parti socialiste révolutionnaire a besoin d'une discipline. Disciplinés, nous tuerons le grand-duc [1] et nous abattrons la tyrannie.

DORA, *allant vers lui* : Assieds-toi, Stepan. Tu dois être fatigué, après ce long voyage.

STEPAN : Je ne suis jamais fatigué.

Silence. Dora va s'asseoir.

STEPAN : Tout est-il prêt, Boria ?

ANNENKOV, *changeant de ton* : Depuis un mois, deux des nôtres étudient les déplacements du grand-duc. Dora a réuni le matériel nécessaire.

STEPAN : La proclamation est-elle rédigée ?

ANNENKOV : Oui. Toute la Russie saura que le grand-duc Serge a été exécuté à la bombe par le groupe de combat du parti socialiste révolutionnaire pour hâter la libération du peuple russe. La cour impériale apprendra aussi que nous sommes décidés à exercer la terreur jusqu'à ce que la terre soit rendue au peuple. Oui, Stepan, oui, tout est prêt ! Le moment approche.

STEPAN : Que dois-je faire ?

ANNENKOV : Pour commencer, tu aideras Dora. Schweitzer [2], que tu remplaces, travaillait avec elle.

---

1. Il s'agit du grand-duc Serge Alexandrovitch (1857-1905), gouverneur de Moscou qui avait la réputation d'être un tortionnaire et dont les positions politiques étaient ultraconservatrices. Il a organisé une terrible répression contre les manifestations étudiantes qui agitaient Moscou.

2. Maximilian Illitch Schweitzer (1881-1905) participa en 1904 à l'attentat contre Plehve, le ministre de l'Intérieur de Nicolas II. Il est mort en manipulant la bombe qu'il était en train de fabriquer. Dans une variante de la pièce qu'il a supprimée, Camus donnait l'explication suivante : « il ne faut pas briser le tube d'acide sulfurique sur la gélatine. »

STEPAN : Il a été tué ?

ANNENKOV : Oui.

STEPAN : Comment ?

DORA : Un accident.

> *Stepan regarde Dora. Dora détourne les yeux.*

STEPAN : Ensuite ?

ANNENKOV : Ensuite, nous verrons. Tu dois être prêt à nous remplacer, le cas échéant, et maintenir la liaison avec le Comité Central.

STEPAN : Qui sont nos camarades ?

ANNENKOV : Tu as rencontré Voinov en Suisse. J'ai confiance en lui, malgré sa jeunesse. Tu ne connais pas Yanek.

STEPAN : Yanek ?

ANNENKOV : Kaliayev. Nous l'appelons aussi le Poète.

STEPAN : Ce n'est pas un nom pour un terroriste.

ANNENKOV, *riant* : Yanek pense le contraire. Il dit que la poésie est révolutionnaire.

STEPAN : La bombe seule est révolutionnaire. (*Silence.*) Dora, crois-tu que je saurai t'aider ?

DORA : Oui. Il faut seulement prendre garde à ne pas briser le tube.

STEPAN : Et s'il se brise ?

DORA : C'est ainsi que Schweitzer est mort. (*Un temps.*) Pourquoi souris-tu, Stepan ?

STEPAN : Je souris ?

DORA : Oui.

STEPAN : Cela m'arrive quelquefois. (*Un temps. Stepan semble réfléchir.*) Dora, une seule bombe suffirait-elle à faire sauter cette maison ?

DORA : Une seule, non. Mais elle l'endommagerait.

STEPAN : Combien en faudrait-il pour faire sauter Moscou ?

ANNENKOV : Tu es fou ! Que veux-tu dire ?

STEPAN : Rien.

> *On sonne une fois. Ils écoutent et attendent. On sonne deux fois. Annenkov passe dans l'antichambre et revient avec Voinov.*

VOINOV : Stepan !

STEPAN : Bonjour.

> *Ils se serrent la main. Voinov va vers Dora et l'embrasse.*

ANNENKOV : Tout s'est bien passé, Alexis ?

VOINOV : Oui.

ANNENKOV : As-tu étudié le parcours du palais au théâtre ?

VOINOV : Je puis maintenant le dessiner. Regarde. (*Il dessine.*) Des tournants, des voies rétrécies, des encombrements... la voiture passera sous nos fenêtres.

ANNENKOV : Que signifient ces deux croix ?

VOINOV : Une petite place où les chevaux ralentiront et le théâtre où ils s'arrêteront. À mon avis, ce sont les meilleurs endroits.

ANNENKOV : Donne !

STEPAN : Les mouchards ?

VOINOV, *hésitant* : Il y en a beaucoup.

STEPAN : Ils t'impressionnent ?

VOINOV : Je ne suis pas à l'aise.

ANNENKOV : Personne n'est à l'aise devant eux. Ne te trouble pas.

VOINOV : Je ne crains rien. Je ne m'habitue pas à mentir, voilà tout.

STEPAN : Tout le monde ment. Bien mentir, voilà ce qu'il faut.

VOINOV : Ce n'est pas facile. Lorsque j'étais étudiant, mes camarades se moquaient de moi parce que je ne savais pas dissimuler. Je disais ce que je pensais. Finalement, on m'a renvoyé de l'Université.

STEPAN : Pourquoi ?

VOINOV : Au cours d'histoire, le professeur m'a demandé comment Pierre le Grand[1] avait édifié Saint-Pétersbourg.

STEPAN : Bonne question.

VOINOV : Avec le sang et le fouet, ai-je répondu. J'ai été chassé.

STEPAN : Ensuite...

VOINOV : J'ai compris qu'il ne suffisait pas de dénoncer l'injustice. Il fallait donner sa vie pour la combattre. Maintenant, je suis heureux.

STEPAN : Et pourtant, tu mens ?

VOINOV : Je mens. Mais je ne mentirai plus le jour où je lancerai la bombe.

> *On sonne. Deux coups, puis un seul. Dora s'élance.*

ANNENKOV : C'est Yanek.

STEPAN : Ce n'est pas le même signal.

ANNENKOV : Yanek s'est amusé à le changer. Il a son signal personnel.

---

1. Ce tsar (1672-1725) est considéré comme le créateur de la Russie moderne qu'il ouvrit à l'Europe. Il constitua une armée, une administration et une économie selon un modèle occidental. Il fit en 1715 de Saint-Pétersbourg sa capitale. Ses réformes furent imposées par la force.

> *Stepan hausse les épaules. On entend*
> *Dora parler dans l'antichambre. Entrent Dora*
> *et Kaliayev, se tenant par le bras, Kaliayev rit.*

DORA : Yanek. Voici Stepan qui remplace Schweitzer.

KALIAYEV : Sois le bienvenu, frère.

STEPAN : Merci.

> *Dora et Kaliayev vont s'asseoir, face aux*
> *autres.*

ANNENKOV : Yanek, es-tu sûr de reconnaître la calèche ?

KALIAYEV : Oui, je l'ai vue deux fois, à loisir. Qu'elle paraisse à l'horizon et je la reconnaîtrai entre mille ! J'ai noté tous les détails. Par exemple, un des verres de la lanterne gauche est ébréché.

VOINOV : Et les mouchards ?

KALIAYEV : Des nuées. Mais nous sommes de vieux amis. Ils m'achètent des cigarettes. (*Il rit.*)

ANNENKOV : Pavel a-t-il confirmé le renseignement ?

KALIAYEV : Le grand-duc ira cette semaine au théâtre. Dans un moment, Pavel connaîtra le jour exact et remettra un message au portier. (*Il se tourne vers Dora et rit.*) Nous avons de la chance, Dora.

DORA, *le regardant* : Tu n'es plus colporteur ? Te voilà grand seigneur à présent. Que tu es beau. Tu ne regrettes pas ta touloupe [1] ?

KALIAYEV, *il rit* : C'est vrai, j'en étais très fier. (*À Stepan et Annenkov.*) J'ai passé deux mois à observer les colporteurs, plus d'un mois à m'exercer dans ma petite chambre. Mes collègues n'ont jamais eu de soupçons. « Un fameux

---

1. Veste en peau de mouton portée en Russie par les paysans.

gaillard, disaient-ils. Il vendrait même les chevaux du tsar.»
Et ils essayaient de m'imiter à leur tour.

DORA : Naturellement, tu riais.

KALIAYEV : Tu sais bien que je ne peux m'en empêcher.
Ce déguisement, cette nouvelle vie... Tout m'amusait.

DORA : Moi, je n'aime pas les déguisements. (*Elle montre
sa robe.*) Et puis, cette défroque luxueuse! Boria aurait
pu me trouver autre chose. Une actrice! Mon cœur est
simple.

KALIAYEV, *il rit* : Tu es si jolie, avec cette robe.

DORA : Jolie! Je serais contente de l'être. Mais il ne faut
pas y penser.

KALIAYEV : Pourquoi? Tes yeux sont toujours tristes,
Dora. Il faut être gaie, il faut être fière. La beauté existe, la
joie existe! «Aux lieux tranquilles où mon cœur te sou-
haitait...

DORA, *souriant* : Je respirais un éternel été...[1]»

KALIAYEV : Oh! Dora, tu te souviens de ces vers. Tu
souris? Comme je suis heureux...

STEPAN, *le coupant* : Nous perdons notre temps. Boria,
je suppose qu'il faut prévenir le portier?

> *Kaliayev le regarde avec étonnement.*

ANNENKOV : Oui. Dora, veux-tu descendre? N'oublie
pas le pourboire. Voinov t'aidera ensuite à rassembler le
matériel dans la chambre.

> *Ils sortent chacun d'un côté. Stepan
> marche vers Annenkov d'un pas décidé.*

STEPAN : Je veux lancer la bombe.

---

1. Ces vers seraient d'Albert Camus selon Maria Casarès qui tint le
rôle de Dora dans la pièce.

ANNENKOV : Non, Stepan. Les lanceurs ont déjà été désignés.

STEPAN : Je t'en prie. Tu sais ce que cela signifie pour moi.

ANNENKOV : Non. La règle est la règle. (*Un silence.*) Je ne la lance pas, moi, et je vais attendre ici. La règle est dure.

STEPAN : Qui lancera la première bombe ?

KALIAYEV : Moi. Voinov lance la deuxième.

STEPAN : Toi ?

KALIAYEV : Cela te surprend ? Tu n'as donc pas confiance en moi !

STEPAN : Il faut de l'expérience.

KALIAYEV : De l'expérience ? Tu sais très bien qu'on ne la lance jamais qu'une fois et qu'ensuite... Personne ne l'a jamais lancée deux fois.

STEPAN : Il faut une main ferme.

KALIAYEV, *montrant sa main* : Regarde. Crois-tu qu'elle tremblera ?

> *Stepan se détourne.*

KALIAYEV : Elle ne tremblera pas. Quoi ! J'aurais le tyran devant moi et j'hésiterais ? Comment peux-tu le croire ? Et si même mon bras tremblait, je sais un moyen de tuer le grand-duc à coup sûr.

ANNENKOV : Lequel ?

KALIAYEV : Se jeter sous les pieds des chevaux.

> *Stepan hausse les épaules et va s'asseoir au fond.*

ANNENKOV : Non, cela n'est pas nécessaire. Il faudra essayer de fuir. L'Organisation a besoin de toi, tu dois te préserver.

KALIAYEV : J'obéirai, Boria! Quel honneur, quel honneur pour moi! Oh! j'en serai digne.

ANNENKOV : Stepan, tu seras dans la rue, pendant que Yanek et Alexis guetteront la calèche. Tu passeras régulièrement devant nos fenêtres et nous conviendrons d'un signal. Dora et moi attendrons ici le moment de lancer la proclamation. Si nous avons un peu de chance, le grand-duc sera abattu.

KALIAYEV, *dans l'exaltation* : Oui, je l'abattrai! Quel bonheur si c'est un succès! Le grand-duc, ce n'est rien. Il faut frapper plus haut!

ANNENKOV : D'abord le grand-duc.

KALIAYEV : Et si c'est un échec, Boria? Vois-tu, il faudrait imiter les Japonais.

ANNENKOV : Que veux-tu dire?

KALIAYEV : Pendant la guerre, les Japonais ne se rendaient pas. Ils se suicidaient[1].

ANNENKOV : Non. Ne pense pas au suicide.

KALIAYEV : À quoi donc?

ANNENKOV : À la terreur, de nouveau.

STEPAN, *parlant au fond* : Pour se suicider, il faut beaucoup s'aimer. Un vrai révolutionnaire ne peut pas s'aimer.

KALIAYEV, *se retournant vivement* : Un vrai révolutionnaire? Pourquoi me traites-tu ainsi? Que t'ai-je fait?

---

1. Il s'agit de la guerre qui vit s'affronter la Russie et le Japon entre février 1904 et septembre 1905. Les deux empires souhaitaient contrôler la Mandchourie et la Corée afin de constituer des colonies. En mai eut lieu la bataille navale de Tsushima qui se solda par la victoire des Japonais, qui coulèrent la flotte de guerre russe. Le suicide auquel Kaliayev fait allusion est le *hara-kiri* ou *seppuku*. Au nom de l'honneur perdu ou pour expier une faute, le noble japonais se tue en s'ouvrant le ventre avec son sabre pour rester à la hauteur de ses convictions et de ses valeurs.

STEPAN : Je n'aime pas ceux qui entrent dans la révolution parce qu'ils s'ennuient.

ANNENKOV : Stepan !

STEPAN, *se levant et descendant vers eux* : Oui, je suis brutal. Mais pour moi, la haine n'est pas un jeu. Nous ne sommes pas là pour nous admirer. Nous sommes là pour réussir.

KALIAYEV, *doucement* : Pourquoi m'offenses-tu ? Qui t'a dit que je m'ennuyais ?

STEPAN : Je ne sais pas. Tu changes les signaux, tu aimes à jouer le rôle de colporteur, tu dis des vers, tu veux te lancer sous les pieds des chevaux, et maintenant, le suicide... (*Il le regarde.*) Je n'ai pas confiance en toi.

KALIAYEV, *se dominant* : Tu ne me connais pas, frère. J'aime la vie. Je ne m'ennuie pas. Je suis entré dans la révolution parce que j'aime la vie.

STEPAN : Je n'aime pas la vie, mais la justice qui est au-dessus de la vie.

KALIAYEV, *avec un effort visible* : Chacun sert la justice comme il peut. Il faut accepter que nous soyons différents. Il faut nous aimer, si nous le pouvons.

STEPAN : Nous ne le pouvons pas.

KALIAYEV, *éclatant* : Que fais-tu donc parmi nous ?

STEPAN : Je suis venu pour tuer un homme, non pour l'aimer ni pour saluer sa différence.

KALIAYEV, *violemment* : Tu ne le tueras pas seul ni au nom de rien. Tu le tueras avec nous et au nom du peuple russe. Voilà ta justification.

STEPAN, *même jeu* : Je n'en ai pas besoin. J'ai été justifié en une nuit, et pour toujours, il y a trois ans, au bagne. Et je ne supporterai pas...

ANNENKOV : Assez ! Êtes-vous donc fous ? Vous souvenez-vous de qui nous sommes ? Des frères, confondus les uns aux autres, tournés vers l'exécution des tyrans, pour la libération du pays ! Nous tuons ensemble, et rien ne peut nous séparer. (*Silence. Il les regarde.*) Viens, Stepan, nous devons convenir des signaux...

> *Stepan sort.*

ANNENKOV, *à Kaliayev* : Ce n'est rien. Stepan a souffert. Je lui parlerai.

KALIAYEV, *très pâle* : Il m'a offensé, Boria.

> *Entre Dora.*

DORA, *apercevant Kaliayev* : Qu'y a-t-il ?
ANNENKOV : Rien.

> *Il sort.*

DORA, *à Kaliayev* : Qu'y a-t-il ?
KALIAYEV : Nous nous sommes heurtés, déjà. Il ne m'aime pas.

> *Dora va s'asseoir, en silence. Un temps.*

DORA : Je crois qu'il n'aime personne. Quand tout sera fini, il sera plus heureux. Ne sois pas triste.

KALIAYEV : Je suis triste. J'ai besoin d'être aimé de vous tous. J'ai tout quitté pour l'Organisation. Comment supporter que mes frères se détournent de moi ? Quelquefois, j'ai l'impression qu'ils ne me comprennent pas. Est-ce ma faute ? Je suis maladroit, je le sais...

DORA : Ils t'aiment et te comprennent. Stepan est différent.

KALIAYEV : Non. Je sais ce qu'il pense. Schweitzer le disait déjà : « Trop extraordinaire pour être révolutionnaire. » Je voudrais leur expliquer que je ne suis pas extraordinaire. Ils me trouvent un peu fou, trop spontané.

Pourtant, je crois comme eux à l'idée. Comme eux, je veux me sacrifier. Moi aussi, je puis être adroit, taciturne, dissimulé, efficace. Seulement, la vie continue de me paraître merveilleuse. J'aime la beauté, le bonheur ! C'est pour cela que je hais le despotisme. Comment leur expliquer ? La révolution, bien sûr ! Mais la révolution pour la vie, pour donner une chance à la vie, tu comprends ?

DORA, *avec élan* : Oui... (*Plus bas, après un silence.*) Et pourtant, nous allons donner la mort.

KALIAYEV : Qui, nous ? Ah, tu veux dire... Ce n'est pas la même chose. Oh non ! ce n'est pas la même chose. Et puis, nous tuons pour bâtir un monde où plus jamais personne ne tuera ! Nous acceptons d'être criminels pour que la terre se couvre enfin d'innocents.

DORA : Et si cela n'était pas ?

KALIAYEV : Tais-toi, tu sais bien que c'est impossible. Stepan aurait raison alors. Et il faudrait cracher à la figure de la beauté.

DORA : Je suis plus vieille que toi dans l'Organisation. Je sais que rien n'est simple. Mais tu as la foi... Nous avons tous besoin de foi.

KALIAYEV : La foi ? Non. Un seul l'avait.

DORA : Tu as la force de l'âme. Et tu écarteras tout pour aller jusqu'au bout. Pourquoi as-tu demandé à lancer la première bombe ?

KALIAYEV : Peut-on parler de l'action terroriste sans y prendre part ?

DORA : Non.

KALIAYEV : Il faut être au premier rang.

DORA, *qui semble réfléchir* : Oui. Il y a le premier rang et il y a le dernier moment. Nous devons y penser. Là est le courage, l'exaltation dont nous avons besoin... dont tu as besoin.

KALIAYEV : Depuis un an, je ne pense à rien d'autre. C'est pour ce moment que j'ai vécu jusqu'ici. Et je sais maintenant que je voudrais périr sur place, à côté du grand-duc. Perdre mon sang jusqu'à la dernière goutte, ou bien brûler d'un seul coup, dans la flamme de l'explosion, et ne rien laisser derrière moi. Comprends-tu pourquoi j'ai demandé à lancer la bombe ? Mourir pour l'idée, c'est la seule façon d'être à la hauteur de l'idée. C'est la justification.

DORA : Moi aussi, je désire cette mort-là.

KALIAYEV : Oui, c'est un bonheur qu'on peut envier. La nuit, je me retourne parfois sur ma paillasse de colporteur. Une pensée me tourmente : ils ont fait de nous des assassins. Mais je pense en même temps que je vais mourir, et alors mon cœur s'apaise. Je souris, vois-tu, et je me rendors comme un enfant.

DORA : C'est bien ainsi, Yanek. Tuer et mourir. Mais, à mon avis, il est un bonheur encore plus grand. (*Un temps. Kaliayev la regarde. Elle baisse les yeux.*) L'échafaud.

KALIAYEV, *avec fièvre* : J'y ai pensé. Mourir au moment de l'attentat laisse quelque chose d'inachevé. Entre l'attentat et l'échafaud, au contraire, il y a toute une éternité, la seule peut-être, pour l'homme.

DORA, *d'une voix pressante, lui prenant les mains* : C'est la pensée qui doit t'aider. Nous payons plus que nous ne devons.

KALIAYEV : Que veux-tu dire ?

DORA : Nous sommes obligés de tuer, n'est-ce pas ? Nous sacrifions délibérément une vie et une seule ?

KALIAYEV : Oui.

DORA : Mais aller vers l'attentat et puis vers l'échafaud, c'est donner deux fois sa vie. Nous payons plus que nous ne devons.

KALIAYEV : Oui, c'est mourir deux fois. Merci, Dora.

Personne ne peut rien nous reprocher. Maintenant, je suis sûr de moi.

Silence.

Qu'as-tu, Dora ? Tu ne dis rien ?

DORA : Je voudrais encore t'aider. Seulement...

KALIAYEV : Seulement ?

DORA : Non, je suis folle.

KALIAYEV : Tu te méfies de moi ?

DORA : Oh non, mon chéri, je me méfie de moi. Depuis la mort de Schweitzer, j'ai parfois de singulières idées. Et puis, ce n'est pas à moi de te dire ce qui sera difficile.

KALIAYEV : J'aime ce qui est difficile. Si tu m'estimes, parle.

DORA, *le regardant* : Je sais. Tu es courageux. C'est cela qui m'inquiète. Tu ris, tu t'exaltes, tu marches au sacrifice, plein de ferveur. Mais dans quelques heures, il faudra sortir de ce rêve, et agir. Peut-être vaut-il mieux en parler à l'avance... pour éviter une surprise, une défaillance...

KALIAYEV : Je n'aurai pas de défaillance. Dis ce que tu penses.

DORA : Eh bien, l'attentat, l'échafaud, mourir deux fois, c'est le plus facile. Ton cœur y suffira. Mais le premier rang... (*Elle se tait, le regarde et semble hésiter.*) Au premier rang, tu vas le voir...

KALIAYEV : Qui ?

DORA : Le grand-duc.

KALIAYEV : Une seconde, à peine.

DORA : Une seconde où tu le regarderas ! Oh ! Yanek, il faut que tu saches, il faut que tu sois prévenu ! Un homme est un homme. Le grand-duc a peut-être des yeux compatissants. Tu le verras se gratter l'oreille ou sourire joyeusement. Qui sait, il portera peut-être une petite coupure de rasoir. Et s'il te regarde à ce moment-là...

KALIAYEV : Ce n'est pas lui que je tue. Je tue le despotisme.

DORA : Bien sûr, bien sûr. Il faut tuer le despotisme. Je préparerai la bombe et en scellant le tube, tu sais, au moment le plus difficile, quand les nerfs se tendent, j'aurai cependant un étrange bonheur dans le cœur. Mais je ne connais pas le grand-duc et ce serait moins facile si, pendant ce temps, il était assis devant moi. Toi, tu vas le voir de près. De très près...

KALIAYEV, *avec violence* : Je ne le verrai pas.

DORA : Pourquoi ? Fermeras-tu les yeux ?

KALIAYEV : Non. Mais Dieu aidant, la haine me viendra au bon moment, et m'aveuglera.

> *On sonne. Un seul coup. Ils s'immobilisent.*
> *Entrent Stepan et Voinov.*
> *Voix dans l'antichambre. Entre Annenkov.*

ANNENKOV : C'est le portier. Le grand-duc ira au théâtre demain. (*Il les regarde.*) Il faut que tout soit prêt, Dora.

DORA, *d'une voix sourde* : Oui. (*Elle sort lentement.*)

KALIAYEV, *la regarde sortir et d'une voix douce, se tournant vers Stepan* : Je le tuerai. Avec joie !

RIDEAU

Acte II

Le lendemain soir. Même lieu.

Annenkov est à la fenêtre. Dora près de la table.

ANNENKOV : Ils sont en place. Stepan a allumé sa cigarette.

DORA : À quelle heure le grand-duc doit-il passer ?

ANNENKOV : D'un moment à l'autre. Écoute. N'est-ce
pas une calèche ? Non.

DORA : Assieds-toi. Sois patient.

ANNENKOV : Et les bombes ?

DORA : Assieds-toi. Nous ne pouvons plus rien faire.

ANNENKOV : Si. Les envier.

DORA : Ta place est ici. Tu es le chef.

ANNENKOV : Je suis le chef. Mais Yanek vaut mieux que
moi et c'est lui qui, peut-être...

DORA : Le risque est le même pour tous. Celui qui lance
et celui qui ne lance pas.

ANNENKOV : Le risque est finalement le même. Mais
pour le moment, Yanek et Alexis sont sur la ligne de feu.
Je sais que je ne dois pas être avec eux. Quelquefois, pourtant, j'ai peur de consentir trop facilement à mon rôle. C'est
commode, après tout, d'être forcé de ne pas lancer la
bombe.

DORA : Et quand cela serait ? L'essentiel est que tu fasses ce qu'il faut, et jusqu'au bout.

ANNENKOV : Comme tu es calme !

DORA : Je ne suis pas calme : j'ai peur. Voilà trois ans que je suis avec vous, deux ans que je fabrique les bombes. J'ai tout exécuté et je crois que je n'ai rien oublié.

ANNENKOV : Bien sûr, Dora.

DORA : Eh bien, voilà trois ans que j'ai peur, de cette peur qui vous quitte à peine avec le sommeil, et qu'on retrouve toute fraîche au matin. Alors il a fallu que je m'habitue. J'ai appris à être calme au moment où j'ai le plus peur. Il n'y a pas de quoi être fière.

ANNENKOV : Sois fière, au contraire. Moi, je n'ai rien dominé. Sais-tu que je regrette les jours d'autrefois, la vie brillante, les femmes... Oui, j'aimais les femmes, le vin, ces nuits qui n'en finissaient pas.

DORA : Je m'en doutais, Boria. C'est pourquoi je t'aime tant. Ton cœur n'est pas mort. Même s'il désire encore le plaisir, cela vaut mieux que cet affreux silence qui s'installe, parfois, à la place même du cri.

ANNENKOV : Que dis-tu là ? Toi ? Ce n'est pas possible ?

DORA : Écoute.

> *Dora se dresse brusquement. Un bruit de calèche, puis le silence.*

DORA : Non. Ce n'est pas lui. Mon cœur bat. Tu vois, je n'ai encore rien appris.

ANNENKOV, *il va à la fenêtre* : Attention. Stepan fait un signe. C'est lui.

> *On entend en effet un roulement lointain de calèche, qui se rapproche de plus en plus, passe sous les fenêtres et commence à s'éloigner. Long silence.*

ANNENKOV : Dans quelques secondes...

> *Ils écoutent.*

ANNENKOV : Comme c'est long.

> *Dora fait un geste. Long silence.*
> *On entend des cloches, au loin.*

ANNENKOV : Ce n'est pas possible. Yanek aurait déjà lancé sa bombe... la calèche doit être arrivée au théâtre. Et Alexis ? Regarde ! Stepan revient sur ses pas et court vers le théâtre.

DORA, *se jetant sur lui* : Yanek est arrêté. Il est arrêté, c'est sûr. Il faut faire quelque chose.

ANNENKOV : Attends. (*Il écoute.*) Non. C'est fini.

DORA : Comment est-ce arrivé ? Yanek, arrêté sans avoir rien fait ! Il était prêt à tout, je le sais. Il voulait la prison, et le procès. Mais après avoir tué le grand-duc ! Pas ainsi, non, pas ainsi !

ANNENKOV, *regardant au-dehors* : Voinov ! Vite !

> *Dora va ouvrir.*
> *Entre Voinov, le visage décomposé.*

ANNENKOV : Alexis, vite, parle.

VOINOV : Je ne sais rien. J'attendais la première bombe. J'ai vu la voiture prendre le tournant et rien ne s'est passé. J'ai perdu la tête. J'ai cru qu'au dernier moment, tu avais changé nos plans, j'ai hésité. Et puis, j'ai couru jusqu'ici...

ANNENKOV : Et Yanek ?

VOINOV : Je ne l'ai pas vu.

DORA : Il est arrêté.

ANNENKOV, *regardant toujours dehors* : Le voilà !

> *Même jeu de scène. Entre Kaliayev, le*
> *visage couvert de larmes.*

KALIAYEV, *dans l'égarement* : Frères, pardonnez-moi. Je n'ai pas pu.

> *Dora va vers lui et lui prend la main.*

DORA : Ce n'est rien.

ANNENKOV : Que s'est-il passé ?

DORA, *à Kaliayev* : Ce n'est rien. Quelquefois, au dernier moment, tout s'écroule.

ANNENKOV : Mais ce n'est pas possible.

DORA : Laisse-le. Tu n'es pas le seul, Yanek. Schweitzer, non plus, la première fois, n'a pas pu.

ANNENKOV : Yanek, tu as eu peur ?

KALIAYEV, *sursautant* : Peur, non. Tu n'as pas le droit !

> *On frappe le signal convenu. Voinov sort sur un signe d'Annenkov. Kaliayev est prostré. Silence. Entre Stepan.*

ANNENKOV : Alors ?

STEPAN : Il y avait des enfants dans la calèche du grand-duc.

ANNENKOV : Des enfants ?

STEPAN : Oui. Le neveu et la nièce du grand-duc.

ANNENKOV : Le grand-duc devait être seul, selon Orlov.

STEPAN : Il y avait aussi la grande-duchesse. Cela faisait trop de monde, je suppose, pour notre poète. Par bonheur, les mouchards n'ont rien vu.

> *Annenkov parle à voix basse à Stepan. Tous regardent Kaliayev qui lève les yeux vers Stepan.*

KALIAYEV, *égaré* : Je ne pouvais pas prévoir... Des enfants, des enfants surtout. As-tu regardé des enfants ? Ce regard grave qu'ils ont parfois... Je n'ai jamais pu soutenir ce regard... Une seconde auparavant, pourtant, dans l'ombre, au coin de la petite place, j'étais heureux. Quand les lanternes de la calèche ont commencé à briller au loin, mon cœur s'est mis à battre de joie, je te le jure. Il battait de plus en plus fort à mesure que le roulement de la calèche grandissait. Il faisait tant de bruit en moi. J'avais envie de bondir. Je crois que je riais. Et je disais « oui, oui »... Tu comprends ?

> *Il quitte Stepan du regard et reprend son attitude affaissée.*

J'ai couru vers elle. C'est à ce moment que je les ai vus. Ils ne riaient pas, eux. Ils se tenaient tout droits et regardaient dans le vide. Comme ils avaient l'air triste ! Perdus dans leurs habits de parade, les mains sur les cuisses, le buste raide de chaque côté de la portière ! Je n'ai pas vu la grande-duchesse. Je n'ai vu qu'eux. S'ils m'avaient regardé, je crois que j'aurais lancé la bombe. Pour éteindre au moins ce regard triste. Mais ils regardaient toujours devant eux.

> *Il lève les yeux vers les autres. Silence. Plus bas encore.*

Alors, je ne sais pas ce qui s'est passé. Mon bras est devenu faible. Mes jambes tremblaient. Une seconde après, il était trop tard. (*Silence. Il regarde à terre.*) Dora, ai-je rêvé, il m'a semblé que les cloches sonnaient à ce moment-là ?

DORA : Non, Yanek, tu n'as pas rêvé.

> *Elle pose la main sur son bras. Kaliayev relève la tête et les voit tous tournés vers lui. Il se lève.*

KALIAYEV : Regardez-moi, frères, regarde-moi, Boria, je ne suis pas un lâche, je n'ai pas reculé. Je ne les attendais pas. Tout s'est passé trop vite. Ces deux petits visages sérieux et dans ma main, ce poids terrible. C'est sur eux qu'il fallait le lancer. Ainsi. Tout droit. Oh, non ! je n'ai pas pu.

Il tourne son regard de l'un à l'autre.

Autrefois, quand je conduisais la voiture, chez nous, en Ukraine, j'allais comme le vent, je n'avais peur de rien. De rien au monde, sinon de renverser un enfant. J'imaginais le choc, cette tête frêle frappant la route, à la volée...

Il se tait.

Aidez-moi...

Silence.

Je voulais me tuer. Je suis revenu parce que je pensais que je vous devais des comptes, que vous étiez mes seuls juges, que vous me diriez si j'avais tort ou raison, que vous ne pouviez pas vous tromper. Mais vous ne dites rien.

Dora se rapproche de lui, à le toucher. Il les regarde, et, d'une voix morne :

Voilà ce que je propose. Si vous décidez qu'il faut tuer ces enfants, j'attendrai la sortie du théâtre et je lancerai seul la bombe sur la calèche. Je sais que je ne manquerai pas mon but. Décidez seulement, j'obéirai à l'Organisation.

STEPAN : L'Organisation t'avait commandé de tuer le grand-duc.

KALIAYEV : C'est vrai. Mais elle ne m'avait pas demandé d'assassiner des enfants.

ANNENKOV : Yanek a raison. Ceci n'était pas prévu.

STEPAN : Il devait obéir.

ANNENKOV : Je suis le responsable. Il fallait que tout

fût prévu et que personne ne pût hésiter sur ce qu'il y avait à faire. Il faut seulement décider si nous laissons échapper définitivement cette occasion ou si nous ordonnons à Yanek d'attendre la sortie du théâtre. Alexis ?

VOINOV : Je ne sais pas. Je crois que j'aurais fait comme Yanek. Mais je ne suis pas sûr de moi. (*Plus bas.*) Mes mains tremblent.

ANNENKOV : Dora ?

DORA, *avec violence* : J'aurais reculé, comme Yanek. Puis-je conseiller aux autres ce que moi-même je ne pourrais pas faire ?

STEPAN : Est-ce que vous vous rendez compte de ce que signifie cette décision ? Deux mois de filatures, de terribles dangers courus et évités, deux mois perdus à jamais. Egor arrêté pour rien. Rikov pendu pour rien. Et il faudrait recommencer ? Encore de longues semaines de veilles et de ruses, de tension incessante, avant de retrouver l'occasion propice ? Êtes-vous fous ?

ANNENKOV : Dans deux jours, le grand-duc retournera au théâtre, tu le sais bien.

STEPAN : Deux jours où nous risquons d'être pris, tu l'as dit toi-même.

KALIAYEV : Je pars.

DORA : Attends ! (*À Stepan.*) Pourrais-tu, toi, Stepan, les yeux ouverts, tirer à bout portant sur un enfant ?

STEPAN : Je le pourrais si l'Organisation le commandait.

DORA : Pourquoi fermes-tu les yeux ?

STEPAN : Moi ? J'ai fermé les yeux ?

DORA : Oui.

STEPAN : Alors, c'était pour mieux imaginer la scène et répondre en connaissance de cause.

DORA : Ouvre les yeux et comprends que l'Organisation perdrait ses pouvoirs et son influence si elle tolérait, un seul moment, que des enfants fussent broyés par nos bombes.

STEPAN : Je n'ai pas assez de cœur pour ces niaiseries. Quand nous nous déciderons à oublier les enfants, ce jour-là, nous serons les maîtres du monde et la révolution triomphera.

DORA : Ce jour-là, la révolution sera haïe de l'humanité entière.

STEPAN : Qu'importe si nous l'aimons assez fort pour l'imposer à l'humanité entière et la sauver d'elle-même et de son esclavage.

DORA : Et si l'humanité entière rejette la révolution ? Et si le peuple entier, pour qui tu luttes, refuse que ses enfants soient tués ? Faudra-t-il le frapper aussi ?

STEPAN : Oui, s'il le faut, et jusqu'à ce qu'il comprenne. Moi aussi, j'aime le peuple.

DORA : L'amour n'a pas ce visage.

STEPAN : Qui le dit ?

DORA : Moi, Dora.

STEPAN : Tu es une femme et tu as une idée malheureuse de l'amour.

DORA, *avec violence* : Mais j'ai une idée juste de ce qu'est la honte.

STEPAN : J'ai eu honte de moi-même, une seule fois, et par la faute des autres. Quand on m'a donné le fouet. Car on m'a donné le fouet. Le fouet, savez-vous ce qu'il est ? Véra était près de moi et elle s'est suicidée par protestation. Moi, j'ai vécu. De quoi aurais-je honte, maintenant ?

ANNENKOV : Stepan, tout le monde ici t'aime et te respecte. Mais quelles que soient tes raisons, je ne puis te laisser dire que tout est permis. Des centaines de nos frères sont morts pour qu'on sache que tout n'est pas permis.

STEPAN : Rien n'est défendu de ce qui peut servir notre cause.

ANNENKOV, *avec colère* : Est-il permis de rentrer dans la police et de jouer sur deux tableaux, comme le proposait Evno ? Le ferais-tu ?

STEPAN : Oui, s'il le fallait.

ANNENKOV, *se levant* : Stepan, nous oublierons ce que tu viens de dire, en considération de ce que tu as fait pour nous et avec nous. Souviens-toi seulement de ceci. Il s'agit de savoir si, tout à l'heure, nous lancerons des bombes contre ces deux enfants.

STEPAN : Des enfants ! Vous n'avez que ce mot à la bouche. Ne comprenez-vous donc rien ? Parce que Yanek n'a pas tué ces deux-là, des milliers d'enfants russes mourront de faim pendant des années encore. Avez-vous vu des enfants mourir de faim ? Moi, oui. Et la mort par la bombe est un enchantement à côté de cette mort-là. Mais Yanek ne les a pas vus. Il n'a vu que les deux chiens savants du grand-duc. N'êtes-vous donc pas des hommes ? Vivez-vous dans le seul instant ? Alors choisissez la charité et guérissez seulement le mal de chaque jour, non la révolution qui veut guérir tous les maux, présents et à venir.

DORA : Yanek accepte de tuer le grand-duc puisque sa mort peut avancer le temps où les enfants russes ne mourront plus de faim. Cela déjà n'est pas facile. Mais la mort des neveux du grand-duc n'empêchera aucun enfant de mourir de faim. Même dans la destruction, il y a un ordre, il y a des limites.

STEPAN, *violemment* : Il n'y a pas de limites. La vérité est que vous ne croyez pas à la révolution. (*Tous se lèvent, sauf Yanek.*) Vous n'y croyez pas. Si vous y croyiez totalement, complètement, si vous étiez sûrs que par nos sacrifices et nos victoires, nous arriverons à bâtir une Russie libérée du despotisme, une terre de liberté qui finira par recouvrir le monde entier, si vous ne doutiez pas qu'alors, l'homme, libéré de ses maîtres et de ses préjugés, lèvera vers le ciel la face des vrais dieux, que pèserait la mort de deux enfants ? Vous vous reconnaîtriez tous les droits, tous, vous m'entendez. Et si cette mort vous arrête, c'est que vous n'êtes pas sûrs d'être dans votre droit. Vous ne croyez pas à la révolution.

Silence. Kaliayev se lève.

KALIAYEV : Stepan, j'ai honte de moi et pourtant je ne te laisserai pas continuer. J'ai accepté de tuer pour renverser le despotisme. Mais derrière ce que tu dis, je vois s'annoncer un despotisme qui, s'il s'installe jamais, fera de moi un assassin alors que j'essaie d'être un justicier.

STEPAN : Qu'importe que tu ne sois pas un justicier, si justice est faite, même par des assassins. Toi et moi, ne sommes rien.

KALIAYEV : Nous sommes quelque chose et tu le sais bien puisque c'est au nom de ton orgueil que tu parles encore aujourd'hui.

STEPAN : Mon orgueil ne regarde que moi. Mais l'orgueil des hommes, leur révolte, l'injustice où ils vivent, cela, c'est notre affaire à tous.

KALIAYEV : Les hommes ne vivent pas que de justice.

STEPAN : Quand on leur vole le pain, de quoi vivraient-ils donc, sinon de justice ?

KALIAYEV : De justice et d'innocence.

STEPAN : L'innocence ? Je la connais peut-être. Mais j'ai choisi de l'ignorer et de la faire ignorer à des milliers d'hommes pour qu'elle prenne un jour un sens plus grand.

KALIAYEV : Il faut être bien sûr que ce jour arrive pour nier tout ce qui fait qu'un homme consente à vivre.

STEPAN : J'en suis sûr.

KALIAYEV : Tu ne peux pas l'être. Pour savoir qui, de toi ou de moi, a raison, il faudra peut-être le sacrifice de trois générations, plusieurs guerres, de terribles révolutions. Quand cette pluie de sang aura séché sur la terre, toi et moi serons mêlés depuis longtemps à la poussière.

STEPAN : D'autres viendront alors, et je les salue comme mes frères.

KALIAYEV, *criant* : D'autres... Oui ! Mais moi, j'aime ceux qui vivent aujourd'hui sur la même terre que moi, et c'est eux que je salue. C'est pour eux que je lutte et que je consens à mourir. Et pour une cité lointaine, dont je ne suis pas sûr, je n'irai pas frapper le visage de mes frères. Je n'irai pas ajouter à l'injustice vivante pour une justice morte. (*Plus bas, mais fermement.*) Frères, je veux vous parler franchement et vous dire au moins ceci que pourrait dire le plus simple de nos paysans : tuer des enfants est contraire à l'honneur. Et, si un jour, moi vivant, la révolution devait se séparer de l'honneur, je m'en détournerais. Si vous le décidez, j'irai tout à l'heure à la sortie du théâtre, mais je me jetterai sous les chevaux.

STEPAN : L'honneur est un luxe réservé à ceux qui ont des calèches.

KALIAYEV : Non. Il est la dernière richesse du pauvre. Tu le sais bien et tu sais aussi qu'il y a un honneur dans la révolution. C'est celui pour lequel nous acceptons de mourir. C'est celui qui t'a dressé un jour sous le fouet, Stepan, et qui te fait parler encore aujourd'hui.

STEPAN, *dans un cri* : Tais-toi. Je te défends de parler de cela.

KALIAYEV, *emporté* : Pourquoi me tairais-je ? Je t'ai laissé dire que je ne croyais pas à la révolution. C'était me dire que j'étais capable de tuer le grand-duc pour rien, que j'étais un assassin. Je te l'ai laissé dire et je ne t'ai pas frappé.

ANNENKOV : Yanek !

STEPAN : C'est tuer pour rien, parfois, que de ne pas tuer assez.

ANNENKOV : Stepan, personne ici n'est de ton avis. La décision est prise.

STEPAN : Je m'incline donc. Mais je répéterai que la terreur ne convient pas aux délicats. Nous sommes des meurtriers et nous avons choisi de l'être.

KALIAYEV, *hors de lui* : Non. J'ai choisi de mourir pour que le meurtre ne triomphe pas. J'ai choisi d'être innocent.

ANNENKOV : Yanek et Stepan, assez ! L'Organisation décide que le meurtre de ces enfants est inutile. Il faut reprendre la filature. Nous devons être prêts à recommencer dans deux jours.

STEPAN : Et si les enfants sont encore là ?

ANNENKOV : Nous attendrons une nouvelle occasion.

STEPAN : Et si la grande-duchesse accompagne le grand-duc ?

KALIAYEV : Je ne l'épargnerai pas.

ANNENKOV : Écoutez.

> *Un bruit de calèche. Kaliayev se dirige irrésistiblement vers la fenêtre. Les autres attendent. La calèche se rapproche, passe sous les fenêtres et disparaît.*

VOINOV, *regardant Dora, qui vient vers lui* : Recommencer, Dora...

STEPAN, *avec mépris* : Oui, Alexis, recommencer... Mais il faut bien faire quelque chose pour l'honneur !

RIDEAU

Acte III

Même lieu, même heure, deux jours après.

STEPAN : Que fait Voinov ? Il devrait être là.

ANNENKOV : Il a besoin de dormir. Et nous avons encore une demi-heure devant nous.

STEPAN : Je puis aller aux nouvelles.

ANNENKOV : Non. Il faut limiter les risques.

Silence.

ANNENKOV : Yanek, pourquoi ne dis-tu rien ?

KALIAYEV : Je n'ai rien à dire. Ne t'inquiète pas.

On sonne.

KALIAYEV : Le voilà.

Entre Voinov.

ANNENKOV : As-tu dormi ?

VOINOV : Un peu, oui.

ANNENKOV : As-tu dormi la nuit entière ?

VOINOV : Non.

ANNENKOV : Il le fallait. Il y a des moyens.

VOINOV : J'ai essayé. J'étais trop fatigué.

ANNENKOV : Tes mains tremblent.

VOINOV : Non.

Tous le regardent.

Qu'avez-vous à me regarder ? Ne peut-on être fatigué ?

ANNENKOV : On peut être fatigué. Nous pensons à toi.

VOINOV, *avec une violence soudaine* : Il fallait y penser avant-hier. Si la bombe avait été lancée, il y a deux jours, nous ne serions plus fatigués.

KALIAYEV : Pardonne-moi, Alexis. J'ai rendu les choses plus difficiles.

VOINOV, *plus bas* : Qui dit cela ? Pourquoi plus difficiles ? Je suis fatigué, voilà tout.

DORA : Tout ira vite, maintenant. Dans une heure, ce sera fini.

VOINOV : Oui, ce sera fini. Dans une heure...

> *Il regarde autour de lui. Dora va vers lui et lui prend la main. Il abandonne sa main, puis l'arrache avec violence.*

VOINOV : Boria, je voudrais te parler.

ANNENKOV : En particulier ?

VOINOV : En particulier.

> *Ils se regardent. Kaliayev, Dora et Stepan sortent.*

ANNENKOV : Qu'y a-t-il ?

Voinov se tait.

Dis-le-moi, je t'en prie.

VOINOV : J'ai honte, Boria.

Silence.

VOINOV : J'ai honte. Je dois te dire la vérité.

ANNENKOV : Tu ne veux pas lancer la bombe ?

VOINOV : Je ne pourrai pas la lancer.

ANNENKOV : As-tu peur ? N'est-ce que cela ? Il n'y a pas de honte.

VOINOV : J'ai peur et j'ai honte d'avoir peur.

ANNENKOV : Mais avant-hier, tu étais joyeux et fort. Lorsque tu es parti, tes yeux brillaient.

VOINOV : J'ai toujours eu peur. Avant-hier, j'avais rassemblé mon courage, voilà tout. Lorsque j'ai entendu la calèche rouler au loin, je me suis dit : « Allons ! Plus qu'une minute. » Je serrais les dents. Tous mes muscles étaient tendus. J'allais lancer la bombe avec autant de violence que si elle devait tuer le grand-duc sous le choc. J'attendais la première explosion pour faire éclater toute cette force accumulée en moi. Et puis, rien. La calèche est arrivée sur moi. Comme elle roulait vite ! Elle m'a dépassé. J'ai compris alors que Yanek n'avait pas lancé la bombe. À ce moment, un froid terrible m'a saisi. Et tout d'un coup, je me suis senti faible comme un enfant.

ANNENKOV : Ce n'était rien, Alexis. La vie reflue ensuite.

VOINOV : Depuis deux jours, la vie n'est pas revenue. Je t'ai menti tout à l'heure, je n'ai pas dormi cette nuit. Mon cœur battait trop fort. Oh ! Boria, je suis désespéré.

ANNENKOV : Tu ne dois pas l'être. Nous avons tous été comme toi. Tu ne lanceras pas la bombe. Un mois de repos en Finlande, et tu reviendras parmi nous.

VOINOV : Non. C'est autre chose. Si je ne lance pas la bombe maintenant, je ne la lancerai jamais.

ANNENKOV : Quoi donc ?

VOINOV : Je ne suis pas fait pour la terreur. Je le sais maintenant. Il vaut mieux que je vous quitte. Je militerai dans les comités, à la propagande.

ANNENKOV : Les risques sont les mêmes.

VOINOV : Oui, mais on peut agir en fermant les yeux. On ne sait rien.

ANNENKOV : Que veux-tu dire?

VOINOV, *avec fièvre* : On ne sait rien. C'est facile d'avoir des réunions, de discuter la situation et de transmettre ensuite l'ordre d'exécution. On risque sa vie, bien sûr, mais à tâtons, sans rien voir. Tandis que se tenir debout, quand le soir tombe sur la ville, au milieu de la foule de ceux qui pressent le pas pour trouver la soupe brûlante, des enfants, la chaleur d'une femme, se tenir debout et muet, avec le poids de la bombe au bout du bras, et savoir que dans trois minutes, dans deux minutes, dans quelques secondes, on s'élancera au-devant d'une calèche étincelante, voilà la terreur. Et je sais maintenant que je ne pourrai recommencer sans me sentir vidé de mon sang. Oui, j'ai honte. J'ai visé trop haut. Il faut que je travaille à ma place. Une toute petite place. La seule dont je sois digne.

ANNENKOV : Il n'y a pas de petite place. La prison et la potence sont toujours au bout.

VOINOV : Mais on ne les voit pas comme on voit celui qu'on va tuer. Il faut les imaginer. Par chance, je n'ai pas d'imagination. (*Il rit nerveusement.*) Je ne suis jamais arrivé à croire réellement à la police secrète. Bizarre, pour un terroriste, hein? Au premier coup de pied dans le ventre, j'y croirai. Pas avant.

ANNENKOV : Et une fois en prison? En prison, on sait et on voit. Il n'y a plus d'oubli.

VOINOV : En prison, il n'y a pas de décision à prendre. Oui, c'est cela, ne plus prendre de décision! N'avoir plus à se dire : «Allons, c'est à toi, il faut que, toi, tu décides de la seconde où tu vas t'élancer.» Je suis sûr maintenant que si je suis arrêté, je n'essaierai pas de m'évader. Pour s'évader, il faut encore de l'invention, il faut prendre l'initiative.

Si on ne s'évade pas, ce sont les autres qui gardent l'initiative. Ils ont tout le travail.

ANNENKOV : Ils travaillent à vous pendre, quelquefois.

VOINOV, *avec désespoir* : Quelquefois. Mais il me sera moins difficile de mourir que de porter ma vie et celle d'un autre à bout de bras et de décider du moment où je précipiterai ces deux vies dans les flammes. Non, Boria, la seule façon que j'aie de me racheter, c'est d'accepter ce que je suis.

Annenkov se tait.

Même les lâches peuvent servir la révolution. Il suffit de trouver leur place.

ANNENKOV : Alors, nous sommes tous des lâches. Mais nous n'avons pas toujours l'occasion de le vérifier. Tu feras ce que tu voudras.

VOINOV : Je préfère partir tout de suite. Il me semble que je ne pourrais pas les regarder en face. Mais tu leur parleras.

ANNENKOV : Je leur parlerai.

Il avance vers lui.

VOINOV : Dis à Yanek que ce n'est pas de sa faute. Et que je l'aime, comme je vous aime tous.

Silence. Annenkov l'embrasse.

ANNENKOV : Adieu, frère. Tout finira. La Russie sera heureuse.

VOINOV, *s'enfuyant* : Oh oui. Qu'elle soit heureuse ! Qu'elle soit heureuse !

Annenkov va à la porte.

ANNENKOV : Venez.

Tous entrent avec Dora.

STEPAN : Qu'y a-t-il ?

ANNENKOV : Voinov ne lancera pas la bombe. Il est épuisé. Ce ne serait pas sûr.

KALIAYEV : C'est de ma faute, n'est-ce pas, Boria ?

ANNENKOV : Il te fait dire qu'il t'aime.

KALIAYEV : Le reverrons-nous ?

ANNENKOV : Peut-être. En attendant, il nous quitte.

STEPAN : Pourquoi ?

ANNENKOV : Il sera plus utile dans les Comités.

STEPAN : L'a-t-il demandé ? Il a donc peur ?

ANNENKOV : Non. J'ai décidé de tout.

STEPAN : À une heure de l'attentat, tu nous prives d'un homme ?

ANNENKOV : À une heure de l'attentat, il m'a fallu décider seul. Il est trop tard pour discuter. Je prendrai la place de Voinov.

STEPAN : Ceci me revient de droit.

KALIAYEV, *à Annenkov* : Tu es le chef. Ton devoir est de rester ici.

ANNENKOV : Un chef a quelquefois le devoir d'être lâche. Mais à condition qu'il éprouve sa fermeté, à l'occasion. Ma décision est prise. Stepan, tu me remplaceras pendant le temps qu'il faudra. Viens, tu dois connaître les instructions.

> *Ils sortent. Kaliayev va s'asseoir. Dora va vers lui et tend une main. Mais elle se ravise.*

DORA : Ce n'est pas de ta faute.

KALIAYEV : Je lui ai fait du mal, beaucoup de mal. Sais-tu ce qu'il me disait l'autre jour ?

DORA : Il répétait sans cesse qu'il était heureux.

KALIAYEV : Oui, mais il m'a dit qu'il n'y avait pas de bonheur pour lui, hors de notre communauté. « Il y a nous, disait-il, l'Organisation. Et puis, il n'y a rien. C'est une chevalerie. » Quelle pitié, Dora !

DORA : Il reviendra.

KALIAYEV : Non. J'imagine ce que je ressentirais à sa place. Je serais désespéré.

DORA : Et maintenant, ne l'es-tu pas ?

KALIAYEV, *avec tristesse* : Maintenant ? Je suis avec vous et je suis heureux comme il l'était.

DORA, *lentement* : C'est un grand bonheur.

KALIAYEV : C'est un bien grand bonheur. Ne penses-tu pas comme moi ?

DORA : Je pense comme toi. Alors pourquoi es-tu triste ? Il y a deux jours ton visage resplendissait. Tu semblais marcher vers une grande fête. Aujourd'hui...

KALIAYEV, *se levant, dans une grande agitation* : Aujourd'hui, je sais ce que je ne savais pas. Tu avais raison, ce n'est pas si simple. Je croyais que c'était facile de tuer, que l'idée suffisait, et le courage. Mais je ne suis pas si grand et je sais maintenant qu'il n'y a pas de bonheur dans la haine. Tout ce mal, tout ce mal, en moi et chez les autres. Le meurtre, la lâcheté, l'injustice... Oh il faut, il faut que je le tue... Mais j'irai jusqu'au bout ! Plus loin que la haine !

DORA : Plus loin ? Il n'y a rien.

KALIAYEV : Il y a l'amour.

DORA : L'amour ? Non, ce n'est pas ce qu'il faut.

KALIAYEV : Oh Dora, comment dis-tu cela, toi dont je connais le cœur...

DORA : Il y a trop de sang, trop de dure violence. Ceux qui aiment vraiment la justice n'ont pas droit à l'amour. Ils sont dressés comme je suis, la tête levée, les yeux fixes. Que viendrait faire l'amour dans ces cœurs fiers ? L'amour courbe doucement les têtes, Yanek. Nous, nous avons la nuque raide.

KALIAYEV : Mais nous aimons notre peuple.

DORA : Nous l'aimons, c'est vrai. Nous l'aimons d'un vaste amour sans appui, d'un amour malheureux. Nous vivons loin de lui, enfermés dans nos chambres, perdus dans nos pensées. Et le peuple, lui, nous aime-t-il ? Sait-il que nous l'aimons ? Le peuple se tait. Quel silence, quel silence...

KALIAYEV : Mais c'est cela l'amour, tout donner, tout sacrifier sans espoir de retour.

DORA : Peut-être. C'est l'amour absolu, la joie pure et solitaire, c'est celui qui me brûle en effet. À certaines heures, pourtant, je me demande si l'amour n'est pas autre chose, s'il peut cesser d'être un monologue, et s'il n'y a pas une réponse, quelquefois. J'imagine cela, vois-tu : le soleil brille, les têtes se courbent doucement, le cœur quitte sa fierté, les bras s'ouvrent. Ah ! Yanek, si l'on pouvait oublier, ne fût-ce qu'une heure, l'atroce misère de ce monde et se laisser aller enfin. Une seule petite heure d'égoïsme, peux-tu penser à cela ?

KALIAYEV : Oui, Dora, cela s'appelle la tendresse.

DORA : Tu devines tout, mon chéri, cela s'appelle la tendresse. Mais la connais-tu vraiment ? Est-ce que tu aimes la justice avec la tendresse ?

Kaliayev se tait.

Est-ce que tu aimes notre peuple avec cet abandon et cette douceur, ou, au contraire, avec la flamme de la vengeance et de la révolte ? (*Kaliayev se tait toujours.*) Tu vois. (*Elle va vers lui, et d'un ton très faible.*) Et moi, m'aimes-tu avec tendresse ?

Kaliayev la regarde.

KALIAYEV, *après un silence* : Personne ne t'aimera jamais comme je t'aime.

DORA : Je sais. Mais ne vaut-il pas mieux aimer comme tout le monde ?

KALIAYEV : Je ne suis pas n'importe qui. Je t'aime comme je suis.

DORA : Tu m'aimes plus que la justice, plus que l'Organisation ?

KALIAYEV : Je ne vous sépare pas, toi, l'Organisation et la justice.

DORA : Oui, mais réponds-moi, je t'en supplie, réponds-moi. M'aimes-tu dans la solitude, avec tendresse, avec égoïsme ? M'aimerais-tu si j'étais injuste ?

KALIAYEV : Si tu étais injuste, et que je puisse t'aimer, ce n'est pas toi que j'aimerais.

DORA : Tu ne réponds pas. Dis-moi seulement, m'aimerais-tu si je n'étais pas dans l'Organisation ?

KALIAYEV : Où serais-tu donc ?

DORA : Je me souviens du temps où j'étudiais. Je riais. J'étais belle alors. Je passais des heures à me promener et à rêver. M'aimerais-tu légère et insouciante ?

KALIAYEV, *il hésite et très bas* : Je meurs d'envie de te dire oui.

DORA, *dans un cri* : Alors, dis oui, mon chéri, si tu le penses et si cela est vrai. Oui, en face de la justice, devant la misère et le peuple enchaîné. Oui, oui, je t'en supplie, malgré l'agonie des enfants, malgré ceux qu'on pend et ceux qu'on fouette à mort...

KALIAYEV : Tais-toi, Dora.

DORA : Non, il faut bien une fois au moins laisser parler son cœur. J'attends que tu m'appelles, moi, Dora, que tu m'appelles par-dessus ce monde empoisonné d'injustice...

KALIAYEV, *brutalement* : Tais-toi. Mon cœur ne me parle que de toi. Mais tout à l'heure, je ne devrai pas trembler.

DORA, *égarée* : Tout à l'heure ? Oui, j'oubliais... (*Elle rit comme si elle pleurait.*) Non, c'est très bien, mon chéri. Ne sois pas fâché, je n'étais pas raisonnable. C'est la fatigue. Moi non plus, je n'aurais pas pu le dire. Je t'aime du même amour un peu fixe, dans la justice et les prisons. L'été, Yanek, tu te souviens ? Mais non, c'est l'éternel hiver. Nous ne sommes pas de ce monde, nous sommes des justes. Il y a une chaleur qui n'est pas pour nous. (*Se détournant.*) Ah ! pitié pour les justes !

KALIAYEV, *la regardant avec désespoir* : Oui, c'est là notre part, l'amour est impossible. Mais je tuerai le grand-duc, et il y aura alors une paix, pour toi comme pour moi.

DORA : La paix ! Quand la trouverons-nous ?

KALIAYEV, *avec violence* : Le lendemain.

> *Entrent Annenkov et Stepan. Dora et Kaliayev s'éloignent l'un de l'autre.*

ANNENKOV : Yanek !

KALIAYEV : Tout de suite. (*Il respire profondément.*) Enfin, enfin...

STEPAN, *venant vers lui* : Adieu, frère, je suis avec toi.

KALIAYEV : Adieu, Stepan. (*Il se tourne vers Dora.*) Adieu, Dora.

> *Dora va vers lui. Ils sont tout près l'un de l'autre, mais ne se toucheront pas.*

DORA : Non, pas adieu. Au revoir. Au revoir, mon chéri. Nous nous retrouverons.

> *Il la regarde. Silence.*

KALIAYEV : Au revoir. Je... La Russie sera belle.

DORA, *dans les larmes* : La Russie sera belle.

> *Kaliayev se signe devant l'icône. Ils sortent avec Annenkov.*
>
> *Stepan va à la fenêtre. Dora ne bouge pas, regardant toujours la porte.*

STEPAN : Comme il marche droit. J'avais tort, tu vois, de ne pas me fier à Yanek. Je n'aimais pas son enthousiasme. Il s'est signé, tu as vu ? Est-il croyant ?

DORA : Il ne pratique pas.

STEPAN : Il a l'âme religieuse, pourtant. C'est cela qui nous séparait. Je suis plus âpre que lui, je le sais bien. Pour nous qui ne croyons pas à Dieu, il faut toute la justice ou c'est le désespoir.

DORA : Pour lui, la justice elle-même est désespérante.

STEPAN : Oui, une âme faible. Mais la main est forte. Il vaut mieux que son âme. Il le tuera, c'est sûr. Cela est bien, très bien même. Détruire, c'est ce qu'il faut. Mais tu ne dis rien ? (*Il l'examine.*) Tu l'aimes ?

DORA : Il faut du temps pour aimer. Nous avons à peine assez de temps pour la justice.

STEPAN : Tu as raison. Il y a trop à faire ; il faut ruiner ce monde de fond en comble... Ensuite... (*À la fenêtre.*) Je ne les vois plus, ils sont arrivés.

DORA : Ensuite...

STEPAN : Nous nous aimerons.

DORA : Si nous sommes là.

STEPAN : D'autres s'aimeront. Cela revient au même.

DORA : Stepan, dis « la haine ».

STEPAN : Comment ?

DORA : Ces deux mots, « la haine », prononce-les.

STEPAN : La haine.

DORA : C'est bien. Yanek les prononçait très mal.

STEPAN, *après un silence, et marchant vers elle* : Je comprends : tu me méprises. Es-tu sûre d'avoir raison, pourtant ? (*Un silence, et avec une violence croissante.*) Vous êtes tous là à marchander ce que vous faites, au nom de l'ignoble amour. Mais moi, je n'aime rien et je hais, oui, je hais mes semblables ! Qu'ai-je à faire avec leur amour ? Je l'ai connu au bagne, voici trois ans. Et depuis trois ans, je le porte sur moi. Tu voudrais que je m'attendrisse et que je traîne la bombe comme une croix ? Non ! Non ! Je suis allé trop loin, je sais trop de choses... Regarde...

> *Il déchire sa chemise. Dora a un geste vers lui.*
> *Elle recule devant les marques du fouet.*

Ce sont les marques ! Les marques de leur amour ! Me méprises-tu maintenant ?

> *Elle va vers lui et l'embrasse brusquement.*

DORA : Qui mépriserait la douleur ? Je t'aime aussi.

STEPAN, *il la regarde et sourdement* : Pardonne-moi, Dora. (*Un temps. Il se détourne*). Peut-être est-ce la fatigue. Des années de lutte, l'angoisse, les mouchards, le bagne... et pour finir, ceci. (*Il montre les marques.*) Où trouverais-je la force d'aimer ? Il me reste au moins celle de haïr. Cela vaut mieux que de ne rien sentir.

DORA : Oui, cela vaut mieux.

> *Il la regarde. Sept heures sonnent.*

STEPAN, *se retournant brusquement* : Le grand-duc va passer.

> *Dora va vers la fenêtre et se colle aux*
> *vitres. Long silence. Et puis, dans le lointain,*
> *la calèche. Elle se rapproche, elle passe.*

STEPAN : S'il est seul...

> *La calèche s'éloigne. Une terrible explosion.*
> *Soubresaut de Dora qui cache sa tête dans*
> *ses mains. Long silence.*

STEPAN : Boria n'a pas lancé sa bombe ! Yanek a réussi. Réussi ! Ô peuple ! Ô joie !

DORA, *s'abattant en larmes sur lui* : C'est nous qui l'avons tué ! C'est nous qui l'avons tué ! C'est moi.

STEPAN, *criant* : Qui avons-nous tué ? Yanek ?

DORA : Le grand-duc.

RIDEAU

Acte IV

Une cellule dans la tour Pougatchev[1]
à la prison Boutirki.
Le matin.

Quand le rideau se lève, Kaliayev est dans sa cellule et regarde la porte. Un gardien et un prisonnier, portant un seau, entrent.

LE GARDIEN : Nettoie. Et fais vite.

> *Il va se placer vers la fenêtre.*
> *Foka commence à nettoyer sans regarder Kaliayev. Silence.*

KALIAYEV : Comment t'appelles-tu, frère ?

FOKA : Foka.

KALIAYEV : Tu es condamné ?

FOKA : Il paraît.

KALIAYEV : Qu'as-tu fait ?

FOKA : J'ai tué.

KALIAYEV : Tu avais faim ?

LE GARDIEN : Moins haut.

KALIAYEV : Comment ?

---

1. Iemelian Ivanovitch Pougatchev (1742-1775) mena une insurrection cosaque, paysanne et ouvrière en Oural sous le règne de Catherine II. Fait prisonnier, il sera présenté au peuple de Moscou dans une cage de fer avant d'être écartelé et décapité.

LE GARDIEN : Moins haut. Je vous laisse parler malgré la consigne. Alors, parle moins haut. Imite le vieux.

KALIAYEV : Tu avais faim ?

FOKA : Non, j'avais soif.

KALIAYEV : Alors ?

FOKA : Alors, il y avait une hache. J'ai tout démoli. Il paraît que j'en ai tué trois.

Kaliayev le regarde.

FOKA : Eh bien, barine[1], tu ne m'appelles plus frère ? Tu es refroidi ?

KALIAYEV : Non. J'ai tué moi aussi.

FOKA : Combien ?

KALIAYEV : Je te le dirai, frère, si tu veux. Mais réponds-moi, tu regrettes ce qui s'est passé, n'est-ce pas ?

FOKA : Bien sûr, vingt ans, c'est cher. Ça vous laisse des regrets.

KALIAYEV : Vingt ans. J'entre ici à vingt-trois ans et j'en sors les cheveux gris.

FOKA : Oh ! Ça ira peut-être mieux pour toi. Un juge, ça a des hauts et des bas. Ça dépend s'il est marié, et avec qui. Et puis, tu es barine. Ce n'est pas le même tarif que pour les pauvres diables. Tu t'en tireras.

KALIAYEV : Je ne crois pas. Et je ne le veux pas. Je ne pourrais pas supporter la honte pendant vingt ans.

FOKA : La honte ? Quelle honte ? Enfin, ce sont des idées de barine. Combien en as-tu tués ?

KALIAYEV : Un seul.

FOKA : Que disais-tu ? Ce n'est rien.

---

1. Du russe *barin* qui signifie « seigneur ». Ce titre est donné respectueusement aux aristocrates et aux propriétaires terriens. Synonyme de « monsieur ».

KALIAYEV : J'ai tué le grand-duc Serge.

FOKA : Le grand-duc ? Eh ! comme tu y vas. Voyez-vous ces barines ! C'est grave, dis-moi ?

KALIAYEV : C'est grave. Mais il le fallait.

FOKA : Pourquoi ? Tu vivais à la cour ? Une histoire de femme, non ? Bien fait comme tu l'es...

KALIAYEV : Je suis socialiste.

LE GARDIEN : Moins haut.

KALIAYEV, *plus haut* : Je suis socialiste révolutionnaire.

FOKA : En voilà une histoire. Et qu'avais-tu besoin d'être comme tu dis ? Tu n'avais qu'à rester tranquille et tout allait pour le mieux. La terre est faite pour les barines.

KALIAYEV : Non, elle est faite pour toi. Il y a trop de misère et trop de crimes. Quand il y aura moins de misère, il y aura moins de crimes. Si la terre était libre, tu ne serais pas là.

FOKA : Oui et non. Enfin, libre ou pas, ce n'est jamais bon de boire un coup de trop.

KALIAYEV : Ce n'est jamais bon. Seulement on boit parce qu'on est humilié. Un temps viendra où il ne sera plus utile de boire, où personne n'aura plus de honte, ni barine, ni pauvre diable. Nous serons tous frères et la justice rendra nos cœurs transparents. Sais-tu ce dont je parle ?

FOKA : Oui, c'est le royaume de Dieu.

LE GARDIEN : Moins haut.

KALIAYEV : Il ne faut pas dire cela, frère. Dieu ne peut rien. La justice est notre affaire ! (*Un silence.*). Tu ne comprends pas ? Connais-tu la légende de saint Dmitri ?

FOKA : Non.

KALIAYEV : Il avait rendez-vous dans la steppe avec Dieu lui-même, et il se hâtait lorsqu'il rencontra un paysan dont la voiture était embourbée. Alors saint Dmitri l'aida. La boue était épaisse, la fondrière profonde. Il fallut batailler pendant une heure. Et quand ce fut fini, saint Dmitri courut au rendez-vous. Mais Dieu n'était plus là.

FOKA : Et alors ?

KALIAYEV : Et alors il y a ceux qui arriveront toujours en retard au rendez-vous parce qu'il y a trop de charrettes embourbées et trop de frères à secourir.

Foka recule.

KALIAYEV : Qu'y a-t-il ?

LE GARDIEN : Moins haut. Et toi, vieux, dépêche-toi.

FOKA : Je me méfie. Tout cela n'est pas normal. On n'a pas idée de se faire mettre en prison pour des histoires de saint et de charrette. Et puis, il y a autre chose...

Le gardien rit.

KALIAYEV, *le regardant* : Quoi donc ?

FOKA : Que fait-on à ceux qui tuent les grands-ducs ?

KALIAYEV : On les pend.

FOKA : Ah !

Et il s'en va, pendant que le gardien rit plus fort.

KALIAYEV : Reste. Que t'ai-je fait ?

FOKA : Tu ne m'as rien fait. Tout barine que tu es, pourtant, je ne veux pas te tromper. On bavarde, on passe le temps, comme ça, mais si tu dois être pendu, ce n'est pas bien.

KALIAYEV : Pourquoi ?

LE GARDIEN, *riant* : Allez, vieux, parle...

FOKA : Parce que tu ne peux pas me parler comme un frère. C'est moi qui pends les condamnés.

KALIAYEV : N'es-tu pas forçat, toi aussi ?

FOKA : Justement. Ils m'ont proposé de faire ce travail et, pour chaque pendu, ils m'enlèvent une année de prison. C'est une bonne affaire.

KALIAYEV : Pour te pardonner tes crimes, ils t'en font commettre d'autres ?

FOKA : Oh, ce ne sont pas des crimes, puisque c'est commandé. Et puis, ça leur est bien égal. Si tu veux mon avis, ils ne sont pas chrétiens.

KALIAYEV : Et combien de fois, déjà ?

FOKA : Deux fois.

> *Kaliayev recule. Les autres regagnent la porte, le gardien poussant Foka.*

KALIAYEV : Tu es donc un bourreau ?

FOKA, *sur la porte* : Eh bien, barine, et toi ?

> *Il sort. On entend des pas, des commandements. Entre Skouratov, très élégant, avec le gardien.*

SKOURATOV : Laisse-nous. Bonjour. Vous ne me connaissez pas ? Moi, je vous connais. (*Il rit.*) Déjà célèbre, hein ? (*Il le regarde.*) Puis-je me présenter ? (*Kaliayev ne dit rien.*) Vous ne dites rien. Je comprends. Le secret, hein ? C'est dur, huit jours au secret. Aujourd'hui, nous avons supprimé le secret et vous aurez des visites. Je suis là pour ça d'ailleurs. Je vous ai déjà envoyé Foka. Exceptionnel, n'est-ce pas ? J'ai pensé qu'il vous intéresserait. Êtes-vous content ? C'est bon de voir des visages après huit jours, non ?

KALIAYEV : Tout dépend du visage.

SKOURATOV : Bonne voix, bien placée. Vous savez ce que vous voulez. (*Un temps.*) Si j'ai bien compris, mon visage vous déplaît ?

KALIAYEV : Oui.

SKOURATOV : Vous m'en voyez déçu. Mais c'est un malentendu. L'éclairage est mauvais d'abord. Dans un sous-sol, personne n'est sympathique. Du reste, vous ne me connaissez pas. Quelquefois, un visage rebute. Et puis, quand on connaît le cœur...

KALIAYEV : Assez. Qui êtes-vous ?

SKOURATOV : Skouratov, directeur du département de police.

KALIAYEV : Un valet.

SKOURATOV : Pour vous servir. Mais à votre place, je montrerais moins de fierté. Vous y viendrez peut-être. On commence par vouloir la justice et on finit par organiser une police. Du reste, la vérité ne m'effraie pas. Je vais être franc avec vous. Vous m'intéressez et je vous offre les moyens d'obtenir votre grâce.

KALIAYEV : Quelle grâce ?

SKOURATOV : Comment quelle grâce ? Je vous offre la vie sauve.

KALIAYEV : Qui vous l'a demandée ?

SKOURATOV : On ne demande pas la vie, mon cher. On la reçoit. N'avez-vous jamais fait grâce à personne ? (*Un temps*). Cherchez bien.

KALIAYEV : Je refuse votre grâce, une fois pour toutes.

SKOURATOV : Écoutez au moins. Je ne suis pas votre ennemi, malgré les apparences. J'admets que vous ayez raison dans ce que vous pensez. Sauf pour l'assassinat...

KALIAYEV : Je vous interdis d'employer ce mot.

SKOURATOV, *le regardant* : Ah ! Les nerfs sont fragiles, hein ? (*Un temps.*) Sincèrement, je voudrais vous aider.

KALIAYEV : M'aider ? Je suis prêt à payer ce qu'il faut. Mais je ne supporterai pas cette familiarité de vous à moi. Laissez-moi.

SKOURATOV : L'accusation qui pèse sur vous...

KALIAYEV : Je rectifie.

SKOURATOV : Plaît-il ?

KALIAYEV : Je rectifie. Je suis un prisonnier de guerre, non un accusé.

SKOURATOV : Si vous voulez. Cependant, il y a eu des dégâts, n'est-ce pas ? Laissons de côté le grand-duc et la politique. Du moins, il y a eu mort d'homme. Et quelle mort !

KALIAYEV : J'ai lancé la bombe sur votre tyrannie, non sur un homme.

SKOURATOV : Sans doute. Mais c'est l'homme qui l'a reçue. Et ça ne l'a pas arrangé. Voyez-vous, mon cher, quand on a retrouvé le corps, la tête manquait. Disparue, la tête ! Quant au reste, on a tout juste reconnu un bras et une partie de la jambe.

KALIAYEV : J'ai exécuté un verdict.

SKOURATOV : Peut-être, peut-être. On ne vous reproche pas le verdict. Qu'est-ce qu'un verdict ? C'est un mot sur lequel on peut discuter pendant des nuits. On vous reproche... non, vous n'aimeriez pas ce mot... disons, un travail d'amateur, un peu désordonné, dont les résultats, eux, sont indiscutables. Tout le monde a pu les voir. Demandez à la grande-duchesse. Il y avait du sang, vous comprenez, beaucoup de sang.

KALIAYEV : Taisez-vous.

SKOURATOV : Bon. Je voulais dire simplement que si vous vous obstinez à parler du verdict, à dire que c'est le parti et lui seul qui a jugé et exécuté, que le grand-duc a été tué non par une bombe, mais par une idée, alors vous n'avez pas besoin de grâce. Supposez, pourtant, que nous en revenions à l'évidence, supposez que ce soit vous qui ayez fait sauter la tête du grand-duc, tout change, n'est-ce pas ? Vous aurez besoin d'être gracié alors. Je veux vous y aider. Par pure sympathie, croyez-le. (*Il sourit.*) Que voulez-vous, je ne m'intéresse pas aux idées, moi, je m'intéresse aux personnes.

KALIAYEV, *éclatant* : Ma personne est au-dessus de vous et de vos maîtres. Vous pouvez me tuer, non me juger. Je sais où vous voulez en venir. Vous cherchez un point faible et vous attendez de moi une attitude honteuse, des larmes et du repentir. Vous n'obtiendrez rien. Ce que je suis ne vous concerne pas. Ce qui vous concerne, c'est notre haine, la mienne et celle de mes frères. Elle est à votre service.

SKOURATOV : La haine ? Encore une idée. Ce qui n'est pas une idée, c'est le meurtre. Et ses conséquences, naturellement. Je veux dire le repentir et le châtiment. Là, nous sommes au centre. C'est pour cela d'ailleurs que je me suis fait policier. Pour être au centre des choses. Mais vous n'aimez pas les confidences. (*Un temps. Il avance lentement vers lui.*) Tout ce que je voulais dire, c'est que vous ne devriez pas faire semblant d'oublier la tête du grand-duc. Si vous en teniez compte, l'idée ne vous servirait plus de rien. Vous auriez honte, par exemple, au lieu d'être fier de ce que vous avez fait. Et à partir du moment où vous aurez honte, vous souhaiterez de vivre pour réparer. Le plus important est que vous décidiez de vivre.

KALIAYEV : Et si je le décidais ?

SKOURATOV : La grâce pour vous et vos camarades.

KALIAYEV : Les avez-vous arrêtés ?

SKOURATOV : Non. Justement. Mais si vous décidez de vivre, nous les arrêterons.

KALIAYEV : Ai-je bien compris ?

SKOURATOV : Sûrement. Ne vous fâchez pas encore. Réfléchissez. Du point de vue de l'idée, vous ne pouvez pas les livrer. Du point de vue de l'évidence, au contraire, c'est un service à leur rendre. Vous leur éviterez de nouveaux ennuis et, du même coup, vous les arracherez à la potence. Par-dessus tout, vous obtenez la paix du cœur. À bien des points de vue, c'est une affaire en or.

Kaliayev se tait.

SKOURATOV : Alors ?

KALIAYEV : Mes frères vous répondront, avant peu.

SKOURATOV : Encore un crime ! Décidément, c'est une vocation. Allons, ma mission est terminée. Mon cœur est triste. Mais je vois bien que vous tenez à vos idées. Je ne puis vous en séparer.

KALIAYEV : Vous ne pouvez me séparer de mes frères.

SKOURATOV : Au revoir. (*Il fait mine de sortir, et, se retournant :*) Pourquoi, en ce cas, avez-vous épargné la grande-duchesse et ses neveux ?

KALIAYEV : Qui vous l'a dit ?

SKOURATOV : Votre informateur nous informait aussi. En partie, du moins... Mais pourquoi les avez-vous épargnés ?

KALIAYEV : Ceci ne vous concerne pas.

SKOURATOV, *riant* : Vous croyez ? Je vais vous dire pourquoi. Une idée peut tuer un grand-duc, mais elle arrive difficilement à tuer des enfants. Voilà ce que vous avez découvert. Alors, une question se pose : si l'idée n'arrive pas à tuer les enfants, mérite-t-elle qu'on tue un grand-duc ?

Kaliayev a un geste.

SKOURATOV : Oh ! Ne me répondez pas, ne me répondez pas surtout ! Vous répondrez à la grande-duchesse.

KALIAYEV : La grande-duchesse ?

SKOURATOV : Oui, elle veut vous voir. Et j'étais venu surtout pour m'assurer que cette conversation était possible. Elle l'est. Elle risque même de vous faire changer d'avis. La grande-duchesse est chrétienne. L'âme, voyez-vous, c'est sa spécialité.

Il rit.

KALIAYEV : Je ne veux pas la voir.

SKOURATOV : Je regrette, elle y tient. Et après tout, vous lui devez quelques égards. On dit aussi que depuis la mort de son mari, elle n'a pas toute sa raison. Nous n'avons pas voulu la contrarier. (*À la porte.*) Si vous changez d'avis, n'oubliez pas ma proposition. Je reviendrai. (*Un temps. Il écoute.*) La voilà. Après la police, la religion ! On vous gâte décidément. Mais tout se tient. Imaginez Dieu sans les prisons. Quelle solitude !

> *Il sort. On entend des voix et des com-*
> *mandements.*
> *Entre la grande-duchesse qui reste immo-*
> *bile et silencieuse.*
> *La porte est ouverte.*

KALIAYEV : Que voulez-vous ?

LA GRANDE-DUCHESSE, *découvrant son visage* : Regarde.

Kaliayev se tait.

LA GRANDE-DUCHESSE : Beaucoup de choses meurent avec un homme.

KALIAYEV : Je le savais.

LA GRANDE-DUCHESSE, *avec naturel, mais d'une petite voix usée* : Les meurtriers ne savent pas cela. S'ils le savaient, comment feraient-ils mourir ?

Silence.

KALIAYEV : Je vous ai vue. Je désire maintenant être seul.

LA GRANDE-DUCHESSE : Non. Il me reste à te regarder aussi.

Il recule.

LA GRANDE-DUCHESSE, *s'assied, comme épuisée* : Je ne peux plus rester seule. Auparavant, si je souffrais, il pouvait voir ma souffrance. Souffrir était bon alors. Maintenant... Non, je ne pouvais plus être seule, me taire... Mais à qui parler ? Les autres ne savent pas. Ils font mine d'être tristes. Ils le sont, une heure ou deux. Puis ils vont manger — et dormir. Dormir surtout... J'ai pensé que tu devais me ressembler. Tu ne dors pas, j'en suis sûre. Et à qui parler du crime, sinon au meurtrier ?

KALIAYEV : Quel crime ? Je ne me souviens que d'un acte de justice.

LA GRANDE-DUCHESSE : La même voix ! Tu as eu la même voix que lui. Tous les hommes prennent le même ton pour parler de la justice. Il disait : « Cela est juste ! » et l'on devait se taire. Il se trompait peut-être, tu te trompes...

KALIAYEV : Il incarnait la suprême injustice, celle qui fait gémir le peuple russe depuis des siècles. Pour cela, il recevait seulement des privilèges. Si même je devais me tromper, la prison et la mort sont mes salaires.

LA GRANDE-DUCHESSE : Oui, tu souffres. Mais lui, tu l'as tué.

KALIAYEV : Il est mort surpris. Une telle mort, ce n'est rien.

LA GRANDE-DUCHESSE : Rien ? (*Plus bas.*) C'est vrai. On t'a emmené tout de suite. Il paraît que tu faisais des discours au milieu des policiers. Je comprends. Cela devait t'aider. Moi, je suis arrivée quelques secondes après. J'ai vu. J'ai mis sur une civière tout ce que je pouvais traîner. Que de sang ! (*Un temps.*) J'avais une robe blanche...

KALIAYEV : Taisez-vous.

LA GRANDE-DUCHESSE : Pourquoi ? Je dis la vérité. Sais-tu ce qu'il faisait deux heures avant de mourir ? Il dormait. Dans un fauteuil, les pieds sur une chaise... comme toujours. Il dormait, et toi, tu l'attendais, dans le soir cruel... (*Elle pleure.*) Aide-moi maintenant.

Il recule, raidi.

LA GRANDE-DUCHESSE : Tu es jeune. Tu ne peux pas être mauvais.

KALIAYEV : Je n'ai pas eu le temps d'être jeune.

LA GRANDE-DUCHESSE : Pourquoi te raidir ainsi ? N'as-tu jamais pitié de toi-même ?

KALIAYEV : Non.

LA GRANDE-DUCHESSE : Tu as tort. Cela soulage. Moi, je n'ai plus de pitié que pour moi-même. (*Un temps.*) J'ai mal. Il fallait me tuer avec lui au lieu de m'épargner.

KALIAYEV : Ce n'est pas vous que j'ai épargnée, mais les enfants qui étaient avec vous.

LA GRANDE-DUCHESSE : Je sais. Je ne les aimais pas beaucoup. (*Un temps.*) Ce sont les neveux du grand-duc. N'étaient-ils pas coupables comme leur oncle ?

KALIAYEV : Non.

LA GRANDE-DUCHESSE : Les connais-tu ? Ma nièce a un mauvais cœur. Elle refuse de porter elle-même ses aumônes aux pauvres. Elle a peur de les toucher. N'est-elle pas injuste ? Elle est injuste. Lui du moins aimait les paysans. Il buvait avec eux. Et tu l'as tué. Certainement, tu es injuste aussi. La terre est déserte.

KALIAYEV : Ceci est inutile. Vous essayez de détendre ma force et de me désespérer. Vous n'y réussirez pas. Laissez-moi.

LA GRANDE-DUCHESSE : Ne veux-tu pas prier avec moi, te repentir ?... Nous ne serons plus seuls.

KALIAYEV : Laissez-moi me préparer à mourir. Si je ne mourais pas, c'est alors que je serais un meurtrier.

LA GRANDE-DUCHESSE, *elle se dresse* : Mourir ? Tu veux mourir ? Non. (*Elle va vers Kaliayev, dans une grande agitation.*) Tu dois vivre, et consentir à être un meurtrier. Ne l'as-tu pas tué ? Dieu te justifiera.

KALIAYEV : Quel Dieu, le mien ou le vôtre ?

LA GRANDE-DUCHESSE : Celui de la Sainte Église.

KALIAYEV : Elle n'a rien à faire ici.

LA GRANDE-DUCHESSE : Elle sert un maître qui, lui aussi, a connu la prison.

KALIAYEV : Les temps ont changé. Et la Sainte Église a choisi dans l'héritage de son maître.

LA GRANDE-DUCHESSE : Choisi, que veux-tu dire ?

KALIAYEV : Elle a gardé la grâce pour elle et nous a laissé le soin d'exercer la charité.

LA GRANDE-DUCHESSE : Qui, nous ?

KALIAYEV, *criant* : Tous ceux que vous pendez.

Silence.

LA GRANDE-DUCHESSE, *doucement* : Je ne suis pas votre ennemie.

KALIAYEV, *avec désespoir* : Vous l'êtes, comme tous ceux de votre race et de votre clan. Il y a quelque chose de plus abject encore que d'être un criminel, c'est de forcer au crime celui qui n'est pas fait pour lui. Regardez-moi. Je vous jure que je n'étais pas fait pour tuer.

LA GRANDE-DUCHESSE : Ne me parlez pas comme à votre ennemie. Regardez. (*Elle va fermer la porte.*) Je me remets à vous. (*Elle pleure.*) Le sang nous sépare. Mais vous pouvez me rejoindre en Dieu, à l'endroit même du malheur. Priez du moins avec moi.

KALIAYEV : Je refuse. (*Il va vers elle.*) Je ne sens pour vous que de la compassion et vous venez de toucher mon cœur. Maintenant, vous me comprendrez parce que je ne vous cacherai rien. Je ne compte plus sur le rendez-vous avec Dieu. Mais, en mourant, je serai exact au rendez-vous que j'ai pris avec ceux que j'aime, mes frères qui pensent à moi en ce moment. Prier serait les trahir.

LA GRANDE-DUCHESSE : Que voulez-vous dire ?

KALIAYEV, *avec exaltation* : Rien, sinon que je vais être heureux. J'ai une longue lutte à soutenir et je la soutiendrai. Mais quand le verdict sera prononcé, et l'exécution prête, alors, au pied de l'échafaud, je me détournerai de vous et de ce monde hideux et je me laisserai aller à l'amour qui m'emplit. Me comprenez-vous ?

LA GRANDE-DUCHESSE : Il n'y a pas d'amour loin de Dieu.

KALIAYEV : Si. L'amour pour la créature.

LA GRANDE-DUCHESSE : La créature est abjecte. Que faire d'autre que la détruire ou lui pardonner ?

KALIAYEV : Mourir avec elle.

LA GRANDE-DUCHESSE : On meurt seul. Il est mort seul.

KALIAYEV, *avec désespoir* : Mourir avec elle ! Ceux qui s'aiment aujourd'hui doivent mourir ensemble s'ils veulent être réunis. L'injustice sépare, la honte, la douleur, le mal qu'on fait aux autres, le crime séparent. Vivre est une torture puisque vivre sépare.

LA GRANDE-DUCHESSE : Dieu réunit.

KALIAYEV : Pas sur cette terre. Et mes rendez-vous sont sur cette terre.

LA GRANDE-DUCHESSE : C'est le rendez-vous des chiens, le nez au sol, toujours flairant, toujours déçus.

KALIAYEV, *détourné vers la fenêtre* : Je le saurai bientôt. (*Un temps.*) Mais ne peut-on déjà imaginer que deux êtres renonçant à toute joie, s'aiment dans la douleur sans pouvoir s'assigner d'autre rendez-vous que celui de la douleur ?

(*Il la regarde.*) Ne peut-on imaginer que la même corde unisse alors ces deux êtres ?

LA GRANDE-DUCHESSE : Quel est ce terrible amour ?

KALIAYEV : Vous et les vôtres ne nous en avez jamais permis d'autre.

LA GRANDE-DUCHESSE : J'aimais aussi celui que vous avez tué.

KALIAYEV : Je l'ai compris. C'est pourquoi je vous pardonne le mal que vous et les vôtres m'avez fait. (*Un temps.*) Maintenant, laissez-moi.

Long silence.

LA GRANDE-DUCHESSE, *se redressant* : Je vais vous laisser. Mais je suis venue ici pour vous ramener à Dieu, je le sais maintenant. Vous voulez vous juger et vous sauver seul. Vous ne le pouvez pas. Dieu le pourra, si vous vivez. Je demanderai votre grâce.

KALIAYEV : Je vous en supplie, ne le faites pas. Laissez-moi mourir ou je vous haïrai mortellement.

LA GRANDE-DUCHESSE, *sur la porte* : Je demanderai votre grâce, aux hommes et à Dieu.

KALIAYEV : Non, non, je vous le défends.

Il court à la porte pour y trouver soudain Skouratov. Kaliayev recule, ferme les yeux. Silence. Il regarde Skouratov à nouveau.

KALIAYEV : J'avais besoin de vous.

SKOURATOV : Vous m'en voyez ravi. Pourquoi ?

KALIAYEV : J'avais besoin de mépriser à nouveau.

SKOURATOV : Dommage. Je venais chercher ma réponse.

KALIAYEV : Vous l'avez maintenant.

SKOURATOV, *changeant de ton* : Non, je ne l'ai pas

encore. Écoutez bien. J'ai facilité cette entrevue avec la grande-duchesse pour pouvoir demain en publier la nouvelle dans les journaux. Le récit en sera exact, sauf sur un point. Il consignera l'aveu de votre repentir. Vos camarades penseront que vous les avez trahis.

KALIAYEV, *tranquillement* : Ils ne le croiront pas.

SKOURATOV : Je n'arrêterai cette publication que si vous passez aux aveux. Vous avez la nuit pour vous décider.

Il remonte vers la porte.

KALIAYEV, *plus fort* : Ils ne le croiront pas.

SKOURATOV, *se retournant* : Pourquoi ? N'ont-ils jamais péché ?

KALIAYEV : Vous ne connaissez pas leur amour.

SKOURATOV : Non. Mais je sais qu'on ne peut pas croire à la fraternité toute une nuit, sans une seule minute de défaillance. J'attendrai la défaillance. (*Il ferme la porte dans son dos.*) Ne vous pressez pas. Je suis patient.

Ils restent face à face.

RIDEAU

Acte V

Un autre appartement, mais de même style.
Une semaine après. La nuit.

Silence. Dora se promène de long en large.

ANNENKOV : Repose-toi, Dora.

DORA : J'ai froid.

ANNENKOV : Viens t'étendre ici. Couvre-toi.

DORA, *marchant toujours* : La nuit est longue. Comme j'ai froid, Boria.

> *On frappe. Un coup, puis deux.*
> *Annenkov va ouvrir. Entrent Stepan et Voinov qui va vers Dora et l'embrasse. Elle le tient serré contre elle.*

DORA : Alexis !

STEPAN : Orlov dit que ce pourrait être pour cette nuit. Tous les sous-officiers qui ne sont pas de service sont convoqués. C'est ainsi qu'il sera présent.

ANNENKOV : Où le rencontres-tu ?

STEPAN : Il nous attendra, Voinov et moi, au restaurant de la rue Sophiskaia.

DORA, *qui s'est assise, épuisée* : C'est pour cette nuit, Boria.

ANNENKOV : Rien n'est perdu, la décision dépend du tsar.

STEPAN : La décision dépendra du tsar si Yanek a demandé sa grâce.

DORA : Il ne l'a pas demandée.

STEPAN : Pourquoi aurait-il vu la grande-duchesse si ce n'est pour sa grâce ? Elle a fait dire partout qu'il s'était repenti. Comment savoir la vérité ?

DORA : Nous savons ce qu'il a dit devant le tribunal et ce qu'il nous a écrit[1]. Yanek a-t-il dit qu'il regrettait de ne pouvoir disposer que d'une seule vie pour la jeter comme un défi à l'autocratie ? L'homme qui a dit cela peut-il mendier sa grâce, peut-il se repentir ? Non, il voulait, il veut mourir. Ce qu'il a fait ne se renie pas.

STEPAN : Il a eu tort de voir la grande-duchesse.

DORA : Il en est le seul juge.

STEPAN : Selon notre règle, il ne devait pas la voir.

DORA : Notre règle est de tuer, rien de plus. Maintenant, il est libre, il est libre enfin.

STEPAN : Pas encore.

DORA : Il est libre. Il a le droit de faire ce qu'il veut, près de mourir. Car il va mourir, soyez contents !

ANNENKOV : Dora !

DORA : Mais oui. S'il était gracié, quel triomphe ! Ce serait la preuve, n'est-ce pas, que la grande-duchesse a dit vrai, qu'il s'est repenti et qu'il a trahi. S'il meurt, au contraire, vous le croirez et vous pourrez l'aimer encore. (*Elle les regarde.*) Votre amour coûte cher.

VOINOV, *allant vers elle* : Non, Dora. Nous n'avons jamais douté de lui.

DORA, *marchant de long en large* : Oui... Peut-être... Par-

---

1. Kaliayev a effectivement laissé à ses camarades des lettres et un discours au tribunal lors de son procès que Camus cite dans les pages suivantes.

donnez-moi. Mais qu'importe, après tout ! Nous allons savoir, cette nuit... Ah ! pauvre Alexis, qu'es-tu venu faire ici ?

VOINOV : Le remplacer. Je pleurais, j'étais fier en lisant son discours au procès. Quand j'ai lu : « La mort sera ma suprême protestation contre un monde de larmes et de sang... » je me suis mis à trembler.

DORA : Un monde de larmes et de sang... il a dit cela, c'est vrai.

VOINOV : Il l'a dit... Ah, Dora, quel courage ! Et, à la fin, son grand cri : « Si je me suis trouvé à la hauteur de la protestation humaine contre la violence, que la mort couronne mon œuvre par la pureté de l'idée. » J'ai décidé alors de venir.

DORA, *se cachant la tête dans les mains* : Il voulait la pureté, en effet. Mais quel affreux couronnement !

VOINOV : Ne pleure pas, Dora. Il a demandé que personne ne pleure sa mort. Oh, je le comprends si bien maintenant. Je ne peux pas douter de lui. J'ai souffert parce que j'ai été lâche. Et puis, j'ai lancé la bombe à Tiflis. Maintenant, je ne suis pas différent de Yanek. Quand j'ai appris sa condamnation, je n'ai eu qu'une idée : prendre sa place puisque je n'avais pu être à ses côtés.

DORA : Qui peut prendre sa place ce soir ! Il sera seul, Alexis.

VOINOV : Nous devons le soutenir de notre fierté, comme il nous soutient de son exemple. Ne pleure pas.

DORA : Regarde. Mes yeux sont secs. Mais, fière, oh, non, plus jamais je ne pourrai être fière !

STEPAN : Dora, ne me juge pas mal. Je souhaite que Yanek vive. Nous avons besoin d'hommes comme lui.

DORA : Lui ne le souhaite pas. Et nous devons désirer qu'il meure.

ANNENKOV : Tu es folle.

DORA : Nous devons le désirer. Je connais son cœur.
C'est ainsi qu'il sera pacifié. Oh oui, qu'il meure ! (*Plus bas.*)
Mais qu'il meure vite.

STEPAN : Je pars, Boria. Viens, Alexis. Orlov nous
attend.

ANNENKOV : Oui, et ne tardez pas à revenir.

> *Stepan et Voinov vont vers la porte. Stepan*
> *regarde du côté de Dora.*

STEPAN : Nous allons savoir. Veille sur elle.

> *Dora est à la fenêtre. Annenkov la regarde.*

DORA : La mort ! La potence ! La mort encore ! Ah !
Boria !

ANNENKOV : Oui, petite sœur. Mais il n'y a pas d'autre
solution.

DORA : Ne dis pas cela. Si la seule solution est la mort,
nous ne sommes pas sur la bonne voie. La bonne voie est
celle qui mène à la vie, au soleil. On ne peut avoir froid sans
cesse...

ANNENKOV : Celle-là mène aussi à la vie. À la vie des
autres. La Russie vivra, nos petits-enfants vivront. Souviens-
toi de ce que disait Yanek : « La Russie sera belle. »

DORA : Les autres, nos petits-enfants... Oui. Mais Yanek
est en prison et la corde est froide. Il va mourir. Il est mort
peut-être déjà pour que les autres vivent. Ah ! Boria, et si
les autres ne vivaient pas ? Et s'il mourait pour rien ?

ANNENKOV : Tais-toi.

> *Silence.*

DORA : Comme il fait froid. C'est le printemps pourtant. Il y a des arbres dans la cour de la prison, je le sais. Il
doit les voir.

ANNENKOV : Attends de savoir. Ne tremble pas ainsi.

DORA : J'ai si froid que j'ai l'impression d'être déjà morte. (*Un temps.*) Tout cela nous vieillit si vite. Plus jamais, nous ne serons des enfants, Boria. Au premier meurtre, l'enfance s'enfuit. Je lance la bombe et en une seconde, vois-tu, toute une vie s'écoule. Oui, nous pouvons mourir désormais. Nous avons fait le tour de l'homme.

ANNENKOV : Alors nous mourrons en luttant, comme font les hommes.

DORA : Vous êtes allés trop vite. Vous n'êtes plus des hommes.

ANNENKOV : Le malheur et la misère allaient vite aussi. Il n'y a plus de place pour la patience et le mûrissement dans ce monde. La Russie est pressée.

DORA : Je sais. Nous avons pris sur nous le malheur du monde. Lui aussi, l'avait pris. Quel courage ! Mais je me dis quelquefois que c'est un orgueil qui sera châtié.

ANNENKOV : C'est un orgueil que nous payons de notre vie. Personne ne peut aller plus loin. C'est un orgueil auquel nous avons droit.

DORA : Sommes-nous sûrs que personne n'ira plus loin ? Parfois, quand j'écoute Stepan, j'ai peur. D'autres viendront peut-être qui s'autoriseront de nous pour tuer et qui ne paieront pas de leur vie.

ANNENKOV : Ce serait lâche, Dora.

DORA : Qui sait ? C'est peut-être cela la justice. Et plus personne alors n'osera la regarder en face.

ANNENKOV : Dora !

Elle se tait.

ANNENKOV : Est-ce que tu doutes ? Je ne te reconnais pas.

DORA : J'ai froid. Je pense à lui qui doit refuser de trembler pour ne paraître pas avoir peur.

ANNENKOV : N'es-tu donc plus avec nous ?

DORA, *elle se jette sur lui* : Oh Boria, je suis avec vous ! J'irai jusqu'au bout. Je hais la tyrannie et je sais que nous ne pouvons faire autrement. Mais c'est avec un cœur joyeux que j'ai choisi cela et c'est d'un cœur triste que je m'y maintiens. Voilà la différence. Nous sommes des prisonniers.

ANNENKOV : La Russie entière est en prison. Nous allons faire voler ses murs en éclats.

DORA : Donne-moi seulement la bombe à lancer et tu verras. J'avancerai au milieu de la fournaise et mon pas sera pourtant égal. C'est facile, c'est tellement plus facile de mourir de ses contradictions que de les vivre. As-tu aimé, as-tu seulement aimé, Boria ?

ANNENKOV : J'ai aimé, mais il y a si longtemps que je ne m'en souviens plus.

DORA : Combien de temps ?

ANNENKOV : Quatre ans.

DORA : Il y en a combien que tu diriges l'Organisation ?

ANNENKOV : Quatre ans. (*Un temps.*) Maintenant c'est l'Organisation que j'aime.

DORA, *marchant vers la fenêtre* : Aimer, oui, mais être aimée !... Non, il faut marcher. On voudrait s'arrêter. Marche ! Marche ! On voudrait tendre les bras et se laisser aller. Mais la sale injustice colle à nous comme de la glu. Marche ! Nous voilà condamnés à être plus grands que nous-mêmes. Les êtres, les visages, voilà ce qu'on voudrait aimer. L'amour plutôt que la justice ! Non, il faut marcher. Marche, Dora ! Marche, Yanek ! (*Elle pleure.*) Mais pour lui, le but approche.

ANNENKOV, *la prenant dans ses bras* : Il sera gracié.

DORA, *le regardant* : Tu sais bien que non. Tu sais bien qu'il ne le faut pas.

> *Il détourne les yeux.*

DORA : Il sort peut-être déjà dans la cour. Tout ce monde soudain silencieux, dès qu'il apparaît. Pourvu qu'il n'ait pas froid. Boria, sais-tu comme l'on pend ?

ANNENKOV : Au bout d'une corde. Assez, Dora !

DORA, *aveuglément* : Le bourreau saute sur les épaules. Le cou craque. N'est-ce pas terrible ?

ANNENKOV : Oui. Dans un sens. Dans un autre sens, c'est le bonheur.

DORA : Le bonheur ?

ANNENKOV : Sentir la main d'un homme avant de mourir.

> *Dora se jette dans un fauteuil. Silence.*

ANNENKOV : Dora, il faudra partir ensuite. Nous nous reposerons un peu.

DORA, *égarée* : Partir ? Avec qui ?

ANNENKOV : Avec moi, Dora.

DORA, *elle le regarde* : Partir ! (*Elle se détourne vers la fenêtre.*) Voici l'aube. Yanek est déjà mort, j'en suis sûre.

ANNENKOV : Je suis ton frère.

DORA : Oui, tu es mon frère, et vous êtes tous mes frères que j'aime, (*On entend la pluie. Le jour se lève. Dora parle à voix basse.*) Mais quel affreux goût a parfois la fraternité !

> *On frappe. Entrent Voinov et Stepan. Tous restent immobiles, Dora chancelle mais se reprend dans un effort visible.*

STEPAN, *à voix basse* : Yanek n'a pas trahi.

ANNENKOV : Orlov a pu voir ?

STEPAN : Oui.

DORA, *s'avançant fermement* : Assieds-toi. Raconte.

STEPAN : À quoi bon ?

DORA : Raconte tout. J'ai le droit de savoir. J'exige que tu racontes. Dans le détail.

STEPAN : Je ne saurai pas. Et puis, maintenant, il faut partir.

DORA : Non, tu parleras. Quand l'a-t-on prévenu ?

STEPAN : À dix heures du soir.

DORA : Quand l'a-t-on pendu ?

STEPAN : À deux heures du matin.

DORA : Et pendant quatre heures, il a attendu ?

STEPAN : Oui, sans un mot. Et puis tout s'est précipité. Maintenant, c'est fini.

DORA : Quatre heures sans parler ? Attends un peu. Comment était-il habillé ? Avait-il sa pelisse ?

STEPAN : Non. Il était tout en noir, sans pardessus. Et il avait un feutre noir.

DORA : Quel temps faisait-il ?

STEPAN : La nuit noire. La neige était sale. Et puis la pluie l'a changée en une boue gluante.

DORA : Il tremblait ?

STEPAN : Non.

DORA : Orlov a-t-il rencontré son regard ?

STEPAN : Non.

DORA : Que regardait-il ?

STEPAN : Tout le monde, dit Orlov, sans rien voir.

DORA : Après, après ?

STEPAN : Laisse, Dora.

DORA : Non, je veux savoir. Sa mort du moins est à moi.

STEPAN : On lui a lu le jugement.

DORA : Que faisait-il pendant ce temps-là ?

STEPAN : Rien. Une fois seulement, il a secoué sa jambe pour enlever un peu de boue qui tachait sa chaussure.

DORA, *la tête dans les mains* : Un peu de boue !

ANNENKOV, *brusquement* : Comment sais-tu cela ?

Stepan se tait.

ANNENKOV : Tu as tout demandé à Orlov ? Pourquoi ?

STEPAN, *détournant les yeux* : Il y avait quelque chose entre Yanek et moi.

ANNENKOV : Quoi donc ?

STEPAN : Je l'enviais.

DORA : Après, Stepan, après ?

STEPAN : Le père Florenski est venu lui présenter le crucifix. Il a refusé de l'embrasser. Et il a déclaré : « Je vous ai déjà dit que j'en ai fini avec la vie et que je suis en règle avec la mort. »

DORA : Comment était sa voix ?

STEPAN : La même exactement. Moins la fièvre et l'impatience que vous lui connaissez.

DORA : Avait-il l'air heureux ?

ANNENKOV : Tu es folle ?

DORA : Oui, oui, j'en suis sûre, il avait l'air heureux. Car ce serait trop injuste qu'ayant refusé d'être heureux dans la vie pour mieux se préparer au sacrifice, il n'ait pas reçu le bonheur en même temps que la mort. Il était heureux et il a marché calmement à la potence, n'est-ce pas ?

STEPAN : Il a marché. On chantait sur le fleuve en contrebas, avec un accordéon. Des chiens ont aboyé à ce moment.

DORA : C'est alors qu'il est monté...

STEPAN : Il est monté. Il s'est enfoncé dans la nuit. On a vu vaguement le linceul dont le bourreau l'a recouvert tout entier.

DORA : Et puis, et puis...

STEPAN : Des bruits sourds.

DORA : Des bruits sourds. Yanek ! Et ensuite...

> *Stepan se tait.*

DORA, *avec violence* : Ensuite, te dis-je. (*Stepan se tait.*) Parle, Alexis. Ensuite ?

VOINOV : Un bruit terrible.

DORA : Aah. (*Elle se jette contre le mur.*)

> *Stepan détourne la tête. Annenkov, sans une expression, pleure. Dora se retourne, elle les regarde, adossée au mur.*

DORA, *d'une voix changée, égarée* : Ne pleurez pas. Non, non, ne pleurez pas ! Vous voyez bien que c'est le jour de la justification. Quelque chose s'élève à cette heure qui est notre témoignage à nous autres révoltés : Yanek n'est plus un meurtrier. Un bruit terrible ! Il a suffi d'un bruit terrible et le voilà retourné à la joie de l'enfance. Vous souvenez-vous de son rire ? Il riait sans raison parfois. Comme il était jeune ! Il doit rire maintenant. Il doit rire, la face contre la terre !

> *Elle va vers Annenkov.*

DORA : Boria, tu es mon frère ? Tu as dit que tu m'aiderais ?

ANNENKOV : Oui.

DORA : Alors, fais cela pour moi. Donne-moi la bombe.

> *Annenkov la regarde.*

DORA : Oui, la prochaine fois. Je veux la lancer. Je veux être la première à la lancer.

ANNENKOV : Tu sais bien que nous ne voulons pas de femmes au premier rang.

DORA, *dans un cri* : Suis-je une femme, maintenant ?

Ils la regardent. Silence.

VOINOV, *doucement* : Accepte, Boria.

STEPAN : Oui, accepte.

ANNENKOV : C'était ton tour, Stepan.

STEPAN, *regardant Dora* : Accepte. Elle me ressemble, maintenant.

DORA : Tu me la donneras, n'est-ce pas ? Je la lancerai. Et plus tard, dans une nuit froide...

ANNENKOV : Oui, Dora.

DORA, *elle pleure* : Yanek ! Une nuit froide, et la même corde ! Tout sera plus facile maintenant.

RIDEAU

Du tableau

au texte

Agnès Verlet

Du tableau au texte

Tête d'otage
de Jean Fautrier

… une rupture radicale dans son expression stylistique…

Sur une toile de petites dimensions (40 × 33 cm), un cercle rose, clair au centre, plus soutenu à la périphérie, dont le bord est souligné d'un trait noir irrégulièrement tracé. Au milieu de cet ovale, un trait rose foncé, vertical, que croise une ligne horizontale formée de deux ellipses. Au bas de la verticale, une double ligne du même rose, plus intense encore. Cette forme rose, grossièrement esquissée et peinte avec une pâte épaisse, pourrait bien être une tête, grandeur nature, telle que les enfants en dessinent, avec un rond, deux trous en amande pour les yeux, un trait pour le nez, un double trait pour la bouche. Cette forme est une tête, comme Jean Fautrier en a peint beaucoup à partir de 1942 pendant la guerre franco-allemande, une figure humaine dite *Tête d'otage*, faite en pleine guerre, en 1944.

Car, pour Jean Fautrier, les années 1943 et 1944 représentent une rupture radicale dans son expression stylistique. L'artiste, qui est né en 1898, a beaucoup peint, avant la guerre, dès 1925, des nus, des paysages, d'abord influencés par le peintre André Derain, mais aussi Édouard Manet et Paul Cézanne. Loin des recherches du surréalisme et du cubisme, il a exécuté des natures mortes, terriblement vivantes, poissons inanimés, têtes de sangliers, moutons écorchés, lapins pendus à un clou, images de la vie arrêtée, immobilisée par la mort, dans un instantané saisissant. Les pommes, les oignons, les poires de Fautrier sont comme certaines œuvres de Cézanne, des recherches picturales pures, de formes, de lignes, de couleur, de matière : de la peinture pour la peinture. Ce qui n'empêche pas ces tableaux de signifier la présence de la mort dans la vie, la fragilité de la vie, la précarité de la chair, dans la grande tradition esthétique des vanités. Ses portraits, nus de femmes et de jeunes filles, torses et seins, visages de face ou de profil, sont des silhouettes brunes ou rouges, se détachant sur un fond noir ou ocre : dans le style très épuré de l'art funéraire égyptien, ils ont la présence forte et mystérieuse des portraits du Fayoum.

... chaque visage abîmé, dont le tableau est le tombeau...

Mais si la technique de Fautrier est déjà très personnelle, caractérisée par l'isolement de la figure sur un fond souvent sombre, son art prend sa véritable dimension en 1943. On considère même que c'est à cette date qu'il devient vraiment peintre et qu'il pousse alors un « cri de peinture » qu'entendront André Malraux, Francis Ponge, Jean Paulhan, Jean Dubuffet. Au cours des années 1943 et 1944, Fautrier s'affronte au chevalet, dans une solitude tragique, et multiplie des petites peintures à l'huile qui représentent des visages torturés, des corps martyrisés, et qui s'intitulent invariablement *Corps d'otage, Tête d'otage, Fusillé, Écorché, Petit Otage, Otage aux mains, Oradour*, etc. Parmi ces figures, les plus nombreuses s'appellent simplement *Tête d'otage*, avec parfois un numéro, comme si les victimes inconnues et anonymes ne pouvaient qu'être comptées : dans cette hantise de la figuration des visages inconnus, l'artiste se donne pour mission de garder une image de chaque disparu, devenu un numéro, de chaque visage abîmé, dont le tableau est le tombeau. Ces têtes ou ces fragments de corps sont grossièrement dessinés, à grands traits, de face ou de profil, et l'épaisseur des couches de peinture, l'insistance de la matière, le dessin appuyé des contours, toute la technique exprime la violence qui leur a été faite.

Une telle violence apparaît chez Camus, dans la révolte de l'homme contre sa condition et, surtout, contre le mal, contre certaines formes d'oppression ou de terreur qui font des victimes et des otages. De *La Peste*, publiée en 1947, on a souvent dit que c'était une représentation de la guerre, la ville d'Oran coupée du monde par l'épidémie étant la figure allégorique de la France occupée par l'armée nazie. Deux ans plus tard, en 1949, dans la mise en scène des *Justes* au théâtre Hébertot, Camus reprend le thème de la liberté aliénée par l'oppression et le mal, en visant une autre forme de totalitarisme, l'idéologie de la révolution communiste qui a elle aussi sa terreur. Car dans ce drame où les révolutionnaires s'apprêtent à assassiner le grand-duc, responsable de l'oppression du peuple, l'idéal politique lui-même devient une forme de despotisme qui exerce sa violence contre les individus. Dans *Les Justes* comme dans *La Peste*, certains êtres, les enfants en particulier, se trouvent otages d'une abstraction qui fait d'eux des victimes innocentes, vouées à la souffrance ou à la mort : «Je n'ai vu qu'eux, dit Kaliayev pour se justifier. S'ils m'avaient regardé, je crois que j'aurais lancé la bombe. Pour éteindre au moins ce regard triste. Mais ils regardaient toujours devant eux. »

… la véhémence de son geste plastique…

Le regard de l'otage, qui prive le révolutionnaire de toute sa force d'action, c'est ce qu'imagine Fautrier, à moins qu'il n'en ait entendu les cris. Car le peintre vivait, pendant la guerre, à Châtenay-Malabry, où il avait son atelier à la Vallée-aux-Loups, dans une campagne sauvage et boisée qu'avait choisie Chateaubriand au siècle précédent. C'est là que l'auteur des *Mémoires d'outre-tombe,* qui avait publiquement dénoncé les exécutions sommaires perpétrées par Napoléon, s'était retiré pour écrire et que, sous couvert de représenter dans *Les Martyrs* l'empereur romain Dioclétien, persécutant les premiers chrétiens, il dénonça le pouvoir tyrannique et les exactions de l'empereur des Français. La Vallée-aux-Loups, proche de Paris, devint pendant la guerre un foyer de résistance et de répression, lieu de fusillades et d'exécutions sommaires. De son atelier voisin, Fautrier devint le témoin malheureux des tortures et des exécutions. C'est par une mutation artistique radicale et une invention technique d'un genre nouveau qu'il exprime sa révolte et sa compassion : un « cri de peinture », qui est une forme de résistance dont la portée n'a pas échappé à Malraux.

Ces tableaux de petit format sont exécutés sur du papier qui est ensuite marouflé sur la toile après une succession d'étalements denses de la peinture blanche à l'huile, en épaisses couches de pâte qui suivent grossièrement le dessin, et sont saupoudrées de pigments colorés, travaillés au pinceau, à la spatule, au couteau : on perçoit la densité de la matière, la stratification des couches, pâte et poudre de couleur mêlées, qui seront ensuite redessinées à gros traits, creusées, striées, raturées, griffées. Fautrier rejoint ainsi Vincent Van Gogh qui, dans les dernières années de sa vie alors qu'il était en proie à sa propre violence psychique, donnait à voir sur la toile la véhémence de son geste plastique et de son affrontement solitaire à la peinture. La puissance de l'exécution artistique confère au visage qui nous fait face une présence et une personnalité propres, bien qu'il ne soit pas un portrait, qu'il ne représente personne et ne soit qu'une tête d'otage. Car contrairement à ce qu'on a pu interpréter à propos de la numérotation des *Têtes d'otages*, il ne s'agit nullement de séries. Chaque tête, chaque corps, même sans nom, et peut-être d'autant plus qu'il est sans nom, a son individualité : aucune tête ne ressemble à une autre, n'a vécu la même torture. Dans cette *Tête d'otage* de 1944, qui n'est pas numérotée, on ressent l'insistance et la violence de l'élan pictural, le cri de colère et de révolte que le peintre fait passer dans un art qu'admirera Dubuffet tant il se rapproche de l'art brut.

… du rose de la chair, peut-être, et de son incarnat, de sa vitalité…

Mais cette vision de l'horreur a sa beauté, qui a tellement frappé le poète Francis Ponge, dès l'apparition des *Têtes* de Fautrier : « Que les visages des *Otages* soient si *beaux*, peints de couleurs si charmantes, si harmonieuses, si pareilles à la carnation rose, bleue, jaune, orange ou viride des fleurs, n'y pouvons-nous pas voir une sorte d'héroïsme, de mensonge héroïque semblable, — et de divine, d'obstinée résistance, opposition à l'horreur par l'affirmation de la beauté ? » (*L'Atelier contemporain.*) Celui-ci est rose, du rose de la chair, peut-être, et de son incarnat, de sa vitalité, et ce visage est beau, avec sa coloration et sa forme lunaire, sa présence au centre de la toile. Cette tête rose et noir pourrait être un dessin au fusain et à la sanguine, un portrait, presque. Mais de ce visage rose, la peau est bistrée, irritée, écorchée, brûlée, tuméfiée, sanguinolente, à vif : d'un rose foncé, presque sombre, celui de la terre, terre de Sienne. Malgré le contour noir qui cerne et auréole l'ovale, la vitalité de l'incarnat se diffuse dans tout l'espace du tableau : le fond, aux taches de rose, noir, ocre, en est la continuité plus qu'il ne le contient. La couleur d'ocre et de terre a été étalée à larges coups de spatule et de doigts, montrant des coulures, des reliefs, des aspérités : il y a quelque chose de rugueux dans cette matière picturale qui a l'âpreté de la roche, avec des incrustations végétales, mousses ou lichens, en haut à droite, et dans la liquidité de la peinture et de l'eau qui ont coulé (ou du sang, peut-être), se dispersant en taches noires et roses qui se répandent tout autour et au-delà du contour. Dans une autre *Tête d'otage* de la même année, un profil aux couleurs terreuses, la matière encore plus épaisse, rugueuse, grumeleuse, a l'aspect de la glaise et des strates rocheuses. Comme si dans cette peinture qu'on a pu dire « géologique », le peintre rendait l'otage à la terre ou à la tombe.

Dans cette représentation qui n'est pas un portrait, l'ovale du visage, les yeux, l'arête du nez, le sourcil droit sont fortement soulignés, la bouche, surtout, légèrement décalée, qui balafre le visage. La tête, ainsi stylisée, pourrait figurer une tête de mort, n'était cet incarnat qui lui confère une effrayante vitalité. Car au milieu de ce visage, les deux lignes qui se croisent en T forment une croix, comme si le visage était barré, marqué d'une souffrance, crucifié (titre d'une autre œuvre de cette veine). En 1927, Fautrier a peint plusieurs Christs en croix, figures très géométriques dont les membres nus s'étiraient en lignes perpendiculaires sur un fond gris-noir. De ces traits en forme de croix dont Fautrier marque ses têtes d'otages, Francis Ponge écrit que ce sont les signes, les stigmates de la barbarie moderne, «le T d'Otages : sigle. Aussi simple que la croix […]. Car le fusillé remplace le crucifié. L'homme anonyme remplace le Christ des tableaux ». Comme les visages des enfants tels qu'ils apparaissent à Kaliayev au moment de lancer la bombe, ce visage s'impose dans son évidence : c'est une tête, la tête d'un homme, d'un enfant, otage de l'horreur et de la barbarie. Les *Otages* de Fautrier, de même que *Les Justes* de Camus ne font que manifester la réalité de la barbarie, le scandale de leur mort. Au moment où il vient d'être pendu, dans un «bruit terrible», Kaliayev, devenu à son tour otage de la cause révolutionnaire, trouve sa justification dans la mort, comme le dit Dora, dans un cri de douleur : «Quelque chose s'élève à cette heure qui est notre témoignage à nous autres révoltés : Yanek n'est plus un meurtrier. Un bruit terrible ! Il a suffi d'un bruit terrible et le voilà retourné à la joie de l'enfance. Vous souvenez-vous de son rire ? il riait sans raison parfois. Comme il était jeune ! Il doit rire maintenant. Il doit rire, la face contre la terre ! »

… dans une répétition qui touche à la hantise …

Et si Fautrier semble avoir trouvé la puissance de son art dans une rencontre tragique avec l'Histoire, il a poussé à nouveau son « cri de peinture » en 1956, à travers les *Partisans,* et les *Massacres,* au moment de l'insurrection de Budapest et de l'invasion de la Hongrie par les troupes soviétiques. Mais son cheminement artistique a également suivi les voies solitaires qu'il avait ouvertes dès 1925, en dehors des courants artistiques et des modes, en prenant, comme Ponge, le parti des choses (*Le Parti pris des choses,* 1942). Après la série des *Otages,* les sujets de Fautrier sont toujours les mêmes, dans une répétition qui touche à la hantise : des nus, des fleurs, des arbres et, surtout, des « objets », boîtes, flacons, encriers, des « choses » qui n'ont pas de visage. Fautrier, tel un moine du Quattrocento, réduit son univers pictural à un objet, auquel il donne un caractère presque sacré, en s'y affrontant avec ses pinceaux et ses tubes de couleur. Et dans cet affrontement sisyphéen avec l'objet qu'il dévisage et isole sur la toile, il entraîne le spectateur dans l'infini d'une aventure artistique et métaphysique.

Le texte

en perspective

Sophie Doudet

Mouvement littéraire
L'écrivain et la Gorgone

« LE SOCIAL EST UNE GORGONE. Si [l'artiste] lui tourne le dos, il est dévoré. S'il la regarde en face et se laisse fasciner, il est dévoré. » Camus aime les mythes grecs : moins connue que Sisyphe, la Gorgone revient souvent sous sa plume pour désigner tout à la fois le réel avec lequel l'écrivain doit composer sans se faire pétrifier et l'Histoire qui condamne les hommes au meurtre et à une éternelle culpabilité.

Le regard de l'artiste doit alors, comme Persée, tracer une oblique : d'un bout de la diagonale du temps à l'autre, la Russie rejoint notre siècle en passant par les années terribles de l'après-guerre, avec toujours la violence « nécessaire et injustifiable » en partage.

1.

La Russie sera belle !

Pas plus que *Caligula*, *Les Justes* n'est aux yeux de Camus une pièce historique, comme il le souligne dès le début du prière d'insérer de 1949. Il a seulement « tâché à rendre vraisemblable ce qui était déjà vrai » en s'appuyant, notamment, sur de nombreuses lectures consacrées aux mouvements terroristes russes du début du siècle.

1. *La tour d'ivoire et l'arène politique*

Une simple comparaison entre l'article « Les meurtriers délicats » que Camus fait paraître en 1948 dans la revue *La Table ronde* et la pièce peut convaincre le lecteur du travail de synthèse historique que l'écrivain a réalisé. Le texte théorique fait apparaître les creux dans l'intrigue des *Justes* : nulle mention de la date à laquelle se déroule l'action (seul l'écoulement des jours compte pour ces révoltés déchirés entre un passé qu'ils peinent à oublier et un futur qu'ils appellent avec impatience comme une litanie), pas de référence aux nombreux attentats (plus de 200) qui précédèrent celui dirigé contre le grand-duc Serge et une allusion peu explicite à la tentative d'assassinat de Plehve, à laquelle Kaliayev participa et qui coûta la vie à Schweitzer. Camus élimine l'épisode pourtant important du « dimanche rouge », insurrection populaire menée par un moine nommé Gapone, qui fut écrasée dans le sang et qui accéléra l'organisation de l'attentat contre le grand-duc. Le spectateur devine seulement la Russie aux sonorités des noms des personnages, à quelques rares mentions de lieux, à la neige tenace du printemps et à l'exotisme discret des termes « touloupe » et « barine ». Camus ne tourne pas vraiment le dos à ce grand moment que les livres d'histoire appellent la révolution de 1905 : il n'en dresse pourtant pas un tableau très précis, contraignant le lecteur à compenser et à imaginer derrière les mots l'oppression politique du peuple russe et l'encerclement mortifère d'une intelligentsia réformiste condamnée au terrorisme pour construire un futur meilleur. C'est que bien qu'éloignés dans le temps et dans l'espace, Kaliayev et ses compagnons ne doivent pas être des étrangers pour le public de 1948 à peine sorti des déchirements de la Seconde Guerre mondiale, ni pour celui du XXIe siècle qui n'ignore pas davantage le terrorisme. Camus se sert de l'Histoire pour atteindre cette part humaine universelle que précisément elle ignore.

L'écrivain est ainsi condamné à explorer l'entre-deux de l'actualité historique et de l'universel, entre l'arène de l'engagement militant et la tour d'ivoire du sage retiré du monde.

> Il me semble que l'écrivain ne doit rien ignorer des drames de son temps et prendre parti chaque fois qu'il peut ou qu'il le sait. Mais il doit aussi garder ou reprendre de temps en temps une certaine distance vis-à-vis de notre histoire («Le pari de notre génération», *Œuvres de Camus*, La Pléiade, t. IV).

2. *Images russes*

«Deux mondes s'entrechoquent : la vie qui bouillonne et celle qui stagne, la civilisation et la barbarie, la violence et la liberté, l'autocratie et le peuple. Et regardez le résultat : le déshonneur de la défaite sans précédent d'une puissance militaire, la banqueroute financière et morale d'un État, une monarchie qui se décompose de l'intérieur et, en même temps, dans les régions dites frontalières, un développement naturel des aspirations à l'autodétermination politique. Et, partout, un mécontentement généralisé, l'essor des partis d'opposition, les révoltes sporadiques du peuple laborieux, qui ne demandent qu'à devenir une révolution véritable, au nom du socialisme et de la liberté. Et sur cette toile de fond, des actes terroristes…» (propos de Kaliayev cités par Michel Niqueux dans la préface, «Le terroriste, l'intellectuel et Dieu» pour l'ouvrage de Boris Savinkov, *Le Cheval blême*, Phébus, 2003). Telle est la Russie de 1905 dans le portrait que Kaliayev en dresse lors de son procès. Le tsar Nicolas II est au pouvoir depuis 1894 et les réformes tant réclamées n'avancent pas assez vite. Une intelligentsia souvent d'origine noble (Yanek est un barine) et qui a été nourrie au petit-lait de la philosophie de Hegel (1770-1831) croit au progrès. Suivant la pensée du philosophe allemand, pour qui l'Histoire est la réalisation et le déploiement d'un principe spirituel qu'il appelle l'Idée, les intellectuels russes espèrent que le XIXe siècle et le début du XXe siècle verront l'avènement de la Liberté. Sensibilisés à la misère du peuple, des jeunes gens vont tenter de partir à la rencontre des paysans russes pour les éduquer et les aider à se libérer du joug de l'ignorance et de l'arbitraire politique. Souvent ignorés ou incompris, parfois rejetés avec mépris (voir la rencontre de Yanek avec Foka dans l'acte IV), ceux qu'on appelait alors les «Fils du peuple» se sont finalement tournés vers le terrorisme, enfermés dans une solitude qui les coupait tout à la fois des paysans et des élites dirigeantes. Camus constate dans *L'Homme révolté* : «L'histoire entière du terrorisme russe peut se résumer à la lutte d'une poignée d'intellectuels contre la tyrannie, en présence du peuple silencieux.» À l'image de certains héros de Fedor Dostoïevski (1821-1881), qui éprouva sans doute lui-même une telle déchirure, ceux qui choisirent le terrorisme étaient partis de modèles philosophiques européens progressistes et idéalistes qu'ils finirent par juger corrupteurs.

3. *Les « Possédés »*

Le mot « nihiliste » est inventé par l'écrivain russe Ivan Tourgueniev (1818-1883) dans son roman *Pères et Fils* (1862) pour décrire le personnage de Bazarov qui ne croit en rien, *nihil* en latin, et qui est convaincu de l'absurdité et de la stérilité de tout acte. Le nihilisme, explique à la même époque le philosophe allemand Friedrich Nietzsche (1844-1900), c'est la « dévalorisation de toutes les valeurs » due à la disparition du fondement premier de tout ce qui est : Dieu. Or, si l'Occident semble, non sans difficultés, en faire le deuil, la Russie, profondément attachée au Christ, fait découler de l'effondrement de la divinité ce que Camus appelle la « révolte métaphysique ». Celle-ci est décrite à travers le personnage d'Ivan dans le roman de Dostoïevski paru en 1880, *Les Frères Karamazov*. Pour ce révolté, un monde justifié par Dieu où le mal est possible (notamment le meurtre des enfants) est un monde inacceptable. Ivan refuse un Dieu qui autorise la souffrance des innocents pour l'avènement hypothétique du paradis. Il « rend donc son billet » et en tire une terrible conséquence : si Dieu n'est plus, tout est permis. Avant d'influencer profondément Camus et bien d'autres intellectuels de son époque, la révolte d'Ivan sert de référence à toute une génération de jeunes intellectuels russes qui, à leur tour, s'interrogent sur la légitimité du meurtre des enfants au nom d'un monde meilleur à venir (Kaliayev) ou du meurtre du soldat qui garde la prison (Savinkov), mais qui choisiront, de toute manière, l'assassinat pour faire surgir une Russie nouvelle.

Au début, ils seront « délicats », tiraillés par leur conscience qui peine à justifier le meurtre, fût-ce d'un tyran, sans le compenser par le don de leur propre vie ; certains finiront par renoncer à tant de scrupules et se refuseront à dépasser le nihilisme radical.

> Supprimant la justification, le nihilisme rejette toute limite et finit par juger qu'il est indifférent de tuer ce qui est déjà voué à la mort (« Le temps des meurtriers », 1949).

Cette tentation existe chez Stepan. Lorsque Annenkov lui demande ce qu'il veut dire, il répond : « Rien. » Son désir de tout détruire s'apparente à une volonté de puissance sans bornes : « Ce jour-là nous serons les maîtres du monde et la révolution triomphera. » Il trouve un écho dans le *Catéchisme du révolutionnaire* de Bakounine : « Il ne connaît qu'une science : celle de tout détruire. [...] Il est impitoyable et ne doit attendre en retour aucune pitié. »

4. *Les « explosifs »*

C'est par ce terme que Nietzsche désigne la jeunesse d'une époque qui vit, de la Russie à l'Amérique en passant par l'Europe, des hommes et des femmes lancer des bombes sur les représentants du pouvoir. 1866 : attentat de Karakozov contre le tsar Alexandre II. 1869 : Netchaïev assassine un étudiant au nom d'un comité révolutionnaire qu'il a inventé de toutes pièces — La Vindicte du peuple. 1878 : attentat de Véra Zassoulich contre le général Trepov. 1881 : assassinat d'Alexandre II que Soloviev avait déjà tenté de tuer en 1879. 1883 : attentat contre l'empereur d'Allemagne. 1894 : attentat contre Sadi Carnot en France. 1898 : meurtre de l'impératrice d'Autriche Élisabeth, dite Sissi. 1901 : McKinley président des États-Unis est tué. 1905 : Kaliayev lance la bombe contre le grand-duc. Dans « Les meurtriers délicats », Camus note que, pour la seule année 1892, il y eut plus d'un millier d'attentats.

C'est donc ce décor historique qui se dessine en filigrane dans la pièce de Camus sans pour autant la saturer. À la croisée du réel, des témoignages des terroristes et de l'imaginaire, les personnages des *Justes* s'extirpent de leur histoire pour rejoindre le temps de leur créateur.

2.

Une époque intéressante

Au lendemain de la représentation des *Justes*, un commentateur explique dans un journal américain, *Partisan Review*, que « ce qui amène les Parisiens à applaudir *Les Justes* et à éclater en sanglots à certaines scènes ce n'est pas tant le débat sur la révolution, qui n'apparaît qu'à grands traits dans quelques phrases, mais le rappel de la Résistance que la pièce contient visiblement ». Pour les forces d'occupation allemandes et les collaborateurs de Vichy, les résistants n'étaient que des terroristes qu'il fallait écraser. Leur ombre se projette sur les personnages des *Justes* créés par un écrivain qui s'engagea lui-même dans la lutte clandestine et y perdit beaucoup de ses compagnons.

1. *Résistants ou terroristes ?*

Camus travaille, en effet, *Les Justes* dans la période qui suit l'armistice (de 1946 à 1949) et qui vit dans le souvenir du désastre. Les textes qu'il écrit alors éclairent les interrogations de la pièce.

Ainsi, lors d'une conférence donnée aux États-Unis en 1946, Camus présente le drame de sa génération qui, ne croyant plus en Dieu, découvre le monde dans sa totale absurdité. Puisque plus rien n'a de sens et que tout se vaut, les jeunes gens des années 1940 se révoltèrent contre le rationalisme, la morale et les traditions. « Nous étions donc passés à la négation. » Comme leurs frères de 1905, les individus de l'entre-deux-guerres connurent ce que Camus appelle « une crise de la conscience humaine ». Sans croyance ni valeurs, ils furent confrontés au meurtre et à la violence terrifiante de la guerre. À l'instar de Stepan et de Kaliayev, tous ne réagirent pas de la même façon. Les *Lettres à un ami allemand* (1944) éclairent les différentes manières de tirer les conséquences du nihilisme : certains s'engouffrent, comme les nazis, dans la logique implacable du crime. « Ce qui compte, écrit Camus, aujourd'hui, ce n'est pas de savoir si l'on doit respecter une mère ou lui épargner des souffrances ; ce qui compte, c'est que l'on ait contribué au triomphe d'une doctrine. Et la douleur humaine n'est plus un scandale, mais une addition dont le terrible total n'est pas encore calculable. » Si un tel raisonnement n'est pas encore tout à fait celui de Stepan, Dora perçoit bien le risque totalitaire d'une position idéologique qui se refuse à fixer les limites de l'action et, surtout, de la destruction. Ses questions lancées à Annenkov font figure de prophéties et nul doute que le public de 1949 en ait saisi toute l'actualité :

> Sommes-nous sûrs que personne n'ira plus loin ? Parfois, quand j'écoute Stepan, j'ai peur. D'autres viendront peut-être qui s'autoriseront de nous pour tuer et qui ne paieront pas de leur vie.

Si les nazis et le totalitarisme russe n'eurent pas de scrupules, les résistants, selon Camus, se confrontèrent à la conscience morale, quitte à prendre le risque de la défaite (équivalent du premier attentat avorté dans *Les Justes*?). Comme Kaliayev et les siens, les résistants firent la guerre sans l'aimer et y entrèrent sans l'avoir voulue, les «mains pures». «Regardez-moi. Je vous jure que je n'étais pas fait pour tuer!» lance Yanek au visage de la duchesse. Pourtant, contrairement à Stepan et comme les résistants, il ne s'abandonne pas à la haine. «Voir tuer ceux qu'on aime n'est pas une école de générosité», constate Camus qui a vu mourir ses camarades au combat. Yanek, lui aussi, essaie de continuer à aimer la vie. Comme les résistants, il prend le risque du désordre pour éviter l'injustice : son refus de lancer la bombe sur les enfants fragilise les relations entre tous les membres du groupe. Pourtant, selon Camus, ce détour que les Français résistants effectuèrent les rendit plus forts : l'épreuve du doute et de la «délicatesse» morale affermit finalement les âmes et donne un sens à l'héroïsme qui, sans direction, n'est qu'une «vertu secondaire». Le cheminement des résistants et celui des justes sont donc parallèles : ils se fondent sur l'honneur, seule valeur qui reste aux démunis, et sur la colère. Dans la seconde *Lettre à un ami allemand*, Camus explique que c'est justement l'exécution d'un «enfant» par les nazis qui donna à ses compagnons la certitude de leur victoire. Ce qui sépare les résistants des nazis paraît distinguer, toutes proportions gardées, Kaliayev et Stepan :

> Où était la différence ? C'est que vous acceptiez légèrement de désespérer et que je n'y ai jamais consenti. C'est que vous admettiez assez l'injustice de notre condition pour vous résoudre à y ajouter, tandis qu'il m'apparaissait au contraire que l'homme devait affir-

mer la justice pour lutter contre l'injustice éternelle, créer du bonheur pour protester contre l'univers du malheur. Parce que vous avez fait de votre désespoir une ivresse, parce que vous vous en êtes délivrés en l'érigeant en principe, vous avez accepté de détruire les œuvres de l'homme et de lutter contre lui pour achever sa misère essentielle. Et moi refusant d'admettre ce désespoir et ce monde torturé, je voulais seulement que les hommes retrouvent leur solidarité pour entrer en lutte contre leur destin.

Qui parle ? Camus ou Kaliayev ?

2. *Révoltés ou révolutionnaires ?*

Si le public pleure sur le destin des justes au théâtre Hébertot, en assimilant les prisonniers russes cloîtrés dans leur appartement aux Français cachés dans les maquis ou « défigurés dans les caves », il comprit aussi combien le monde de la guerre froide trahissait les espoirs des révoltés.

La pièce fait écho à certains chapitres de *L'Homme révolté* qui ne paraîtra qu'en 1951. « Les meurtriers délicats », rédigé en 1948, sera intégré et complété dans l'essai. Pour l'écrivain, la Révolution puis le régime stalinien ont trahi l'esprit généreux de la révolte : là où Kaliayev se révoltait pour lui comme pour l'humanité entière et payait doublement le prix de son geste (en prenant le risque de mourir lors de l'attentat puis en montant sur l'échafaud), d'autres furent plus cyniques au nom de l'efficacité et du bonheur des générations à venir, pratiquant l'assassinat à grande échelle sans la moindre culpabilité. Pour Camus, le totalitarisme a inauguré l'ère du meurtre « confortable » et de l'assassinat « par procuration ». On passe des « meurtriers délicats » au « temps des meurtriers » qui justifient par la logique historique l'emploi de tous les moyens.

> « 1) Il y a des limites. Les enfants sont une limite (il en est d'autres). 2) On peut tuer le gardien, exceptionnellement, au nom de la justice. 3) Mais il faut accepter de mourir soi-même », écrit Camus dans « Les pharisiens de la justice » en 1950. Mais, poursuit-il « la réponse de notre époque [...] est, au contraire : 1) Il n'y a pas de limites. Les enfants, bien sûr, mais en somme... 2) Tuons tout le monde au nom de la justice pour tous ; 3) Mais réclamons en même temps la Légion d'honneur. Ça peut servir. »

La morale se désagrège face à l'exigence d'efficacité et l'âpreté du réel : Stepan, lui, a vu mourir de faim des enfants et puise de cette expérience atroce son pragmatisme. Qu'importent finalement les enfants si l'on sauve les générations suivantes ? C'est le raisonnement historique qui finit par perdre de vue la question éthique au profit de l'arithmétique. Stepan est prêt, pour réussir, à mentir au peuple, à le frapper jusqu'à ce qu'il comprenne et à tuer quelques-uns pour en sauver davantage. Et si Camus ne les reprend pas dans sa pièce, il n'ignorait peut-être pas les mots du moine Gapone qui mena l'insurrection du Dimanche rouge : « On n'abat pas d'arbres sans faire voler de copeaux. » De même, *Le Catéchisme du révolutionnaire* de Bakounine n'hésitait pas à établir une classification entre les hommes : ceux qu'on condamne à l'extermination immédiate, ceux à qui on peut laisser provisoirement la vie pour qu'ils aient encore le temps de nuire et de renforcer la haine contre l'autocratie, ceux, riches ou puissants, qu'on exploite avant de les tuer, et ceux, doctrinaires et révolutionnaires, qui ont le droit de vivre... pour l'instant. Au réalisme tout relatif de Stepan (qu'on songe à ses envolées lyriques sur les lendemains heureux de la révolution) s'oppose le désir de mesure et de limites au sein même de la révolte, incarné par Yanek et Dora.

3. *Tu es donc le bourreau ? Et toi ?*

Si le débat concernant la fin et les moyens est loin d'être nouveau (Machiavel), il a pris dans l'intelligentsia européenne des années 1950 une singulière acuité. Il divise violemment Sartre et Camus et donne lieu à des polémiques sans fin sur l'arithmétique du crime : qui sacrifier et jusqu'à quel point ?

« La fin ne justifie les moyens que si l'ordre de grandeur est raisonnable. Exemple : je puis envoyer Saint-Exupéry en mission mortelle pour sauver un régiment. Mais je ne puis déporter des milliers de personnes et supprimer toute liberté pour avoir un résultat quantitatif équivalent et supputer trois ou quatre générations préalablement sacrifiées », écrit Camus dans ses *Carnets* à propos d'une conversation qu'il a eue avec Arthur Kœstler. Mais la ligne de partage de la mesure reste floue et parfois infime. Pourquoi la duchesse et pas les enfants ? À quel moment une idée qui ne peut se résoudre à tuer des enfants « mérite-t-elle qu'on tue un grand-duc » ? Et si les enfants sont égoïstes et le tyran généreux ? Dans *Le Yogi et le Commissaire I et II*, articles successivement parus en 1942 et 1944, Arthur Kœstler, dont les positions sont proches de celles de Camus, oppose deux attitudes politiques vis-à-vis de l'action. Celle du yogi (modèle Gandhi) postule que la fin est imprévisible et que seuls importent les moyens de la réaliser. La violence est ainsi refusée pour changer la misère des hommes. D'une certaine manière, la grande-duchesse des *Justes* se rapproche de ce point de vue en remettant la destinée des créatures dans les seules mains de Dieu. À l'autre bout du spectre politique, se situe le commissaire pour lequel la fin, inéluctable car historique, justifie l'emploi de tous les moyens, y compris ceux qui finiraient par la contredire. Pourtant, l'essentiel réside, selon Kœstler, dans l'entre-deux du compromis ou de ce qu'il appelle la conversion : cet espace de la pensée où le choix balance et où évoluent les justes.

> À quel moment précis le bistouri du guérisseur devient-il la hache du boucher ? À quel moment la dictature du prolétariat devient-elle la dictature de la bureaucratie ? La dialectique nous enseigne que la quantité se change en qualité, malheureusement elle ne nous dit pas à quel moment. Un système d'éthique basé sur des critères quantitatifs est une pente sur laquelle il n'y a pas moyen de s'arrêter parce que tout y est affaire de degrés et non de valeurs.

Jamais la Révolution ne sera pour Yanek une fin absolue : en lui sacrifiant sa propre vie, il met au moment ultime les valeurs de l'honneur et de l'humanité au-dessus même de l'Histoire qu'il prétend servir. Et Camus, qui admire ses héros sans les cautionner, se placera lui aussi toujours sur le plan des valeurs et n'y renoncera jamais, quitte à risquer le malentendu.

3.

Les Justes au présent

Camus a-t-il vraiment changé lorsque, à l'étudiant algérien qui l'interroge en 1957 sur le terrorisme dans son pays en guerre, il répond : « J'ai toujours condamné la terreur, je dois condamner aussi un terrorisme qui s'exerce aveuglément, dans les rues d'Alger, par exemple, et qui un jour peut frapper ma mère ou ma famille. Je crois à la justice, mais je défendrai ma mère avant la justice » ? Fidèle aux *Justes*, Camus affirme encore que la justice ne sacrifie pas les innocents, et en l'occurrence les civils en Algérie. Ses articles parus dans *L'Express*, entre mai 1955 et février 1956, ne cessent de nier la légitimité du terrorisme, qui vise les civils, comme de la répression menée contre les populations arabes par l'armée française. Si Kaliayev hésita à lancer sa bombe sur les enfants dans la calèche, d'autres moururent ou furent gravement blessés à Alger dans des bus par des terroristes qui n'hésitaient pas à plonger leur regard dans celui de leurs futures victimes.

> Telle est sans doute la loi de l'histoire. Quand l'opprimé prend les armes au nom de la justice, il fait un pas sur la terre de l'injustice. Mais il peut avancer plus ou moins et, si telle est la loi de l'histoire, c'est en tout cas la loi de l'esprit que, sans cesser de réclamer justice pour l'opprimé, il ne puisse l'approuver de son injustice, au-delà de certaines limites. Les massacres de civils, outre qu'ils relancent les forces d'oppression, dépassent justement ces limites et il est urgent que tous le reconnaissent (*L'Express*, 28 octobre 1955).

Le 10 janvier 1956, Camus lance un appel à la trêve pour les civils afin d'éviter que les uns justifient leurs exactions par celles des autres. « Il faut recommencer », se lamente Voinov à Dora qui réclamera la bombe à la fin de la pièce. Au-delà du tragique individuel, le recommencement est l'un des thèmes les plus lancinants de l'œuvre de Camus : recommencer à vivre et renaître peut-être comme dans *Requiem pour une nonne*, recommencer à tuer pour Martha et sa mère dans *Le*

Malentendu, recommencer à raconter son histoire dans l'enfer d'Amsterdam pour Clamence, héros de *La Chute...* La redite de l'Histoire «comme une bouche sanglante qui ne vomit qu'un bégaiement furieux» («Appel pour une trêve civile en Algérie») est la figure moderne du Destin et il faut, selon Camus, rompre ce cycle : Kaliayev pense pouvoir le faire en compensant une vie par une autre, mais le raisonnement est faux («une vie donnée ne vaut pas une vie ravie», lit-on dans les *Carnets*), même si l'attitude est recevable. Dans les années 1950, l'écrivain va au-delà de ce qu'il affirma dans *Les Justes* : il faut tourner le dos à la Gorgone de la violence qui dévore les hommes. À «la morale du meurtre» s'opposera «la morale du dialogue», celui-là même que peinent parfois à nouer les justes et qui ne peut se faire que par l'entremise d'un spectateur qui entend ce que chacun a pu dire dans la prison de son cœur. Si le terrorisme peut s'expliquer par le désespoir et le manque d'avenir, s'il est le fait d'«assiégés», Camus n'aura cessé d'affirmer qu'il est une «erreur sanglante à la fois en lui-même et dans ses conséquences». Le désespoir et les doutes des justes sont là pour nous le rappeler à la fin de la pièce. Au moins ceux-ci n'auront pas demandé la Légion d'honneur...

Pour aller plus loin

Arthur KŒSTLER, *Le Yogi et le Commissaire*, Calmann-Lévy, 1969.

Les articles d'Albert CAMUS pour *L'Express* sont repris dans *Chroniques algériennes 1939-1958, Actuelles III, Œuvres de Camus,* t. IV, «Pléiade», 2008.

Vous pouvez lire les textes d'Albert CAMUS sur la morale et la politique dans *Actuelles I, chroniques 1944-1948.*

Albert Camus. Réflexions sur le terrorisme, textes choisis et introduits par Jacqueline LÉVI-VALENSI, Éditions Nicolas Philippe, 2002.

Genre et registre

« Une histoire de grandeur
racontée par des corps »

« JE VOUDRAIS FAIRE UN MÉTIER D'ACTEUR. »
Cette phrase, qu'écrit Albert Camus à Jean Grenier en
1938, éclaire l'une de ses plus grandes fidélités : venu
au théâtre trois ans plus tôt en participant à la création
du « Théâtre du Travail » à Alger, Camus ne cessera de
clamer son amour pour les planches, un des seuls lieux
où il fût jamais heureux et qui, avec le sport, lui « appri-
rent le peu de morale [qu'il savait] ». Acteur, il joua le
rôle d'Ivan Karamazov (Fedor Dostoïevski, *Les Frères
Karamazov*) et faillit incarner Garcin dans *Huis clos* de
Sartre. Dramaturge, il rédigea quatre pièces. Metteur en
scène, il adapta notamment Dino Buzzati (*Un cas intéressant* en 1955), William Faulkner (*Requiem pour une
nonne* en 1956) et Dostoïevski (*Les Possédés* en 1959). Et
lorsqu'il fut tué dans un accident de voiture en 1960, il
s'apprêtait à recevoir d'André Malraux, ministre de la
Culture, la direction d'un théâtre parisien pour lequel
il avait déjà établi un programme conséquent, reflet de
ses goûts et convictions en la matière.

Une telle fidélité ne s'explique que parce que l'esprit
de communauté propre au théâtre est un modèle social
pour Camus : la fraternité libre qui unit les hommes et
femmes de théâtre s'apparente à celle qui fédère les

révoltés russes. Pour bien des raisons, les grandes images de solidarité et de déchirement qui préoccupaient Camus ne pouvaient s'exprimer mieux qu'au théâtre : les « meurtriers délicats » avaient besoin de la scène pour devenir *Les Justes*. Révolution et théâtre ont partie liée : le code secret qui ouvre la porte des *Justes* répète les trois coups du lever de rideau et c'est sur le chemin d'un théâtre que le grand-duc et Yanek rencontreront leur vérité.

1.

Camus et le théâtre : « un mariage à plusieurs »

Conçu par Camus comme « le plus haut des genres littéraires », le théâtre fut à la fois un refuge pour l'écrivain désireux de rompre avec l'abstraction de son art solitaire et une rude « école de réunion » (interview à *France-Soir*, 1958), source de difficultés tant pratiques qu'esthétiques. Son expérience en tant que dramaturge fut, en effet, inégale comme il le reconnaît lui-même dans la préface à l'édition américaine de ses quatre pièces : la réaction du public ne fut pas toujours à la hauteur de ses espoirs mais ne le découragea pas. Plusieurs fois remanié, *Caligula* (1945) révéla surtout à la critique l'acteur Gérard Philipe, comme *Le Malentendu* joué en 1944 sembla à sa création ne tenir que par la force de Maria Casarès. *L'État de siège* (1948), conçu comme un spectacle total mêlant chants, musique et poésie fut un « four ». Et le demi-succès des *Justes* l'année suivante laisse à Camus le regret de n'avoir pas été compris par la critique en ce qui concerne notamment l'amour qui unit ses personnages (*Carnets*).

À ce succès relatif s'ajoute une réception mitigée de la critique : on lui reprocha tour à tour un théâtre d'idées, un langage trop écrit, un dépouillement excessif. Mais l'écrivain ne renonça jamais à ce qu'il jugeait tout à la fois être un « moyen d'expression » privilégié de ses idées et une communauté qui lui était absolument nécessaire.

1. « Une manière généreuse de ne pas être seul »

Le théâtre apporta à Camus l'esprit de collectivité : ses débuts sont d'ailleurs parallèles avec son engagement au parti communiste jusqu'à la rupture de 1937 lorsque le Théâtre du Travail devient le Théâtre de l'Équipe. Lieu où l'on est à la fois libre et nécessairement lié aux autres, le théâtre contraint les acteurs, les machinistes et le metteur en scène à travailler ensemble pour réussir. On comprend que, sans idéaliser à l'excès le milieu des acteurs qui a lui aussi ses haines et ses mesquineries, l'écrivain ait pu y trouver ce que le monde intellectuel des années 1950 ne lui offrait plus : un phalanstère, un lieu de solidarité et, surtout, un sens des questions pratiques qui le rattachait à ce réel qu'il craignait de perdre.

Si le théâtre ne fut donc pas toujours le lieu du succès, il fut celui de la réalisation d'un certain équilibre personnel. Les acteurs qui ont joué sous la direction de l'écrivain le décrivent tous de la même manière : heureux d'être au sein d'une équipe, sautant sans cesse sur scène pour suggérer un geste, faisant jouer de la musique russe pour créer l'ambiance des *Possédés* lors des répétitions, mais surtout attentif à ne pas leur imposer leur jeu. Plutôt que de proposer un ton ou une manière de dire la réplique, Camus parlait du personnage et procédait par lectures successives (une première commentée autour d'une table, suivie d'une seconde sur scène où chacun prenait possession du rôle). Il complétait le texte avec des documents (photos pour *Les Justes*) ou des témoignages n'hésitant pas à laisser l'acteur changer une réplique.

Cette liberté laissée à l'acteur ne doit rien à l'improvisation ; elle repose en fait sur des convictions profondes et des modèles auxquels Camus resta fidèle des premières expériences du Théâtre du Travail aux dernières adaptations. Il les emprunte notamment à Jacques Copeau (1879-1949), créateur du théâtre du Vieux Colombier et désigné comme son « seul maître » (titre du bref article qu'il lui consacra). Chez Copeau, comme chez Camus, on relève un refus de la psychologie et des facilités de l'intrigue ainsi qu'une insistance sur le rôle capital de l'acteur chez qui l'on doit « amorcer le sentiment au lieu de le dicter ». Pour Copeau, le théâtre a une mission religieuse qui vise à faire communier les hommes de toutes classes, le temps de la représentation. Cela rejoint les engagements esthétiques et politiques de Camus pour qui le théâtre est l'art collectif donc populaire par excellence. Non seulement l'écrivain s'essaya dans sa jeunesse à la création collective (*Révolte dans les Asturies*), mais il fut toujours convaincu, à l'instar de Malraux, que l'art est fait pour « révéler aux hommes la grandeur qu'ils ignorent en eux ».

2. « Parler à tous »

Cette phrase tirée de la préface du *Temps du mépris*, roman de Malraux que Camus adapta en 1936 et dont on a dit que la représentation s'acheva sur le chant de l'*Internationale* entonné par les acteurs et le public, correspond à la volonté d'offrir à tous l'accès libérateur à la beauté. «L'art, explique Camus dans le *Discours de Suède*, n'est pas à mes yeux une réjouissance solitaire», rejoignant ce qu'il affirmait déjà dans le *Manifeste du Théâtre du Travail* en 1935 : «Faire prendre conscience de la valeur artistique propre à toute littérature de masse et démontrer que l'art peut parfois sortir de sa tour d'ivoire.» Pour autant séduire le plus grand nombre ne signifie pas le flatter ni le mépriser. Il y a chez Camus une grande exigence esthétique : le théâtre doit être écrit. Il s'agit d'offrir au public des pièces qui parlent de destin et de valeurs universelles, «le sens de la beauté étant inséparable d'un certain sens de l'humanité».

Camus rejoint là son personnage des *Justes* : la beauté est aussi révolutionnaire. «Aucun peuple ne peut vivre sans la beauté», note Camus dans ses *Carnets* à propos des banlieues de Saint-Étienne, établissant ainsi une fraternité secrète entre les travailleurs des industries françaises et le peuple russe que Kaliayev rêve d'initier à la joie et à la poésie. Les justes parlent donc «haut», c'est-à-dire avec exigence. Si Foka utilise quelques rares tournures orales et Skouratov manie avec habileté une ironie parfois familière, les révolutionnaires cherchent, quant à eux, le mot juste, obsédés par la vérité. Yanek est poète, il s'enthousiasme parfois comme un héros de Corneille («Quoi! J'aurai le tyran devant moi et j'hésiterai?»), il a l'honneur et la dignité en bouche. Peut-être cette hauteur risque-t-elle de le couper du peuple et de l'enfermer dans l'abstraction comme le suggèrent le soldat en prison («moins haut») et Skouratov, mais il n'y renonce pas, même avec Foka, quitte à l'égarer avec la légende de Dimitri.

3. *Grossir les effets*

À ce langage à la fois écrit et simple, Camus adjoint la notion de «démesure proportionnelle» (interview à *France-Soir* en 1958). Au théâtre, il faut non seulement introduire de la variété pour ne pas lasser le public, mais aussi charger les effets de façon à rendre significatif, voire symbolique, chaque réplique et chaque geste. Contrairement au roman où la narration se déroule avec régularité, la construction dramatique procède par ruptures, soubresauts et coups de théâtre : la défection de Voinov est suivie de son retour inattendu, il y a deux attentats parce que contre toute attente le premier a échoué, la porte de la prison ménage la surprise des visites faites à Kaliayev. Chaque effet est calculé pour susciter l'intérêt et l'émotion. Rien n'est jamais gratuit : ainsi l'acte I dit «d'exposition» met en place tous les éléments qui seront nécessaires à l'intrigue. Les trois coups de sonnette révèlent par contraste l'originalité et l'individualisme de Yanek, l'allusion de Stepan aux mouchards prépare leur trahison de l'acte IV. De même, Camus grossit-il les caractères et les attitudes de chaque personnage : Stepan est, dès le début, froid et distant et son austérité tranche avec la chaleur presque sentimentale des autres. Ses phrases sèches et brutales comme copiées du *Catéchisme du révolutionnaire* de Bakounine («un vrai révolutionnaire est... n'est pas... j'aime... je n'aime pas...») l'opposent à l'exaltation et au rire de Yanek. Ses haussements d'épaules méprisants le distinguent des autres qui se donnent avec effusion l'accolade. Les silences pesants qui rendent la fraternité difficile, l'espace qui tour à tour se réduit pour unir le couple, le séparer des autres ou bien se creuse pour isoler Yanek, assis et bouleversé par son échec, si loin de Stepan resté au fond de la scène… chaque didascalie fait sens pour redoubler le texte et aiguiser l'attention du spectateur.

2.

Une tragédie moderne ?

« J'ai beaucoup réfléchi au problème de la tragédie moderne. *Le Malentendu, L'État de siège, Les Justes* sont des tentatives, dans des voies chaque fois différentes et des styles dissemblables, pour approcher de cette tragédie moderne » (interview à *France-Soir*, 1958).

Dans les *Carnets,* Camus désigne *Les Justes* dont il n'a pas encore le titre comme une « tragédie ».

1. « *Ils ont tous raison* » (**Carnets** *à propos des* **Justes**)

Une conférence donnée par Camus à Athènes en 1955 (« L'avenir de la tragédie ») donne une idée de ce qu'il entend par tragédie classique tout en laissant dans le vague ses possibilités de renouvellement contemporain. Il n'y aurait eu dans l'histoire occidentale que deux périodes laissant le tragique s'exprimer : la Grèce antique et le XVIIᵉ siècle furent traversés par les poussées contradictoires de la pensée rationaliste et individuelle et des croyances religieuses collectives. De cette tension naît le sentiment tragique qui ne peut donc s'exprimer que dans un équilibre déchirant : le moment tragique

est ce point limite où personne n'a raison ni tort. Camus
poursuit :

> Autrement dit, la tragédie est ambiguë, le drame
> simpliste. [...] La formule du mélodrame serait en
> somme : « un seul est juste et justifiable » et la formule
> tragique par excellence : « Tous sont justifiables, per-
> sonne n'est juste. »

Le basculement vers l'interprétation sacrée ou rationaliste de l'univers rompt l'équilibre et détruit le tragique. Entre chien et loup, le tragique s'épanouit du
matin de l'acte I à l'aube de l'acte V, dans l'entre-deux
de la haine de Stepan et de l'amour de Yanek. Camus
continue :

> On a pu écrire que la tragédie balance entre les pôles
> d'un nihilisme extrême et d'un espoir illimité. Rien
> n'est plus vrai, selon moi. Le héros nie l'ordre qui le
> frappe et l'ordre divin frappe parce qu'il est nié.

Les acteurs sont là, sur la scène, prêts à s'affronter.
Reste à savoir si l'époque moderne est encore propice
à l'équilibre tendu entre raison et mystère. Skouratov,
le grand-duc et la duchesse incarnent-ils l'ordre divin ?
Sans doute plus vraiment, même si, au dire de Malraux
et de Faulkner, la tragédie contemporaine a pris les
traits des passions collectives de la politique. Mais il
demeure dans la Russie occidentalisée du début du
XXᵉ siècle un appel du sacré et un reliquat de croyances
(« Tu as la foi ») qui expliquent que Yanek se signe
devant une icône alors qu'il refuse les secours du prêtre.
La mystique d'une corde partagée par des frères et la
religion laïque des révoltés font office de nouveau sacré
et justifient, en tout cas, le sacrifice. Le Destin n'a pas
déserté l'époque, il a juste changé de visage et pris les
traits grimaçants de l'Histoire. Quant aux héros tra-

giques, il faut aller les chercher « moins haut », là où vivent et meurent les créatures, auprès des chiens qui accompagnent de leurs aboiements l'exécution de Yanek.

2. Pitié pour les justes ?

La tension tragique provient de l'affrontement d'idées contradictoires ou, comme l'explique Camus en 1955, de « personnages égaux en force et en raison ». La construction de la trame des *Justes* repose sur des conflits successifs qui donnent progressivement de l'ampleur dramatique à la pièce. Des couples mobiles se forment autour de deux oppositions majeures qui finissent par fusionner en un seul dilemme : le duel éthique/politique sépare de façon apparemment franche Stepan et les autres révolutionnaires, tandis que le heurt engagement politique/amour égoïste se cristallise dans le couple Dora/Yanek. Dans les deux cas, le dilemme revient à choisir l'individu ou le groupe en sacrifiant tout le reste : les enfants ou le peuple, l'amour d'un seul ou l'amour de tous, le bonheur individuel ou collectif et, finalement, la Liberté ou la Justice.

Pourtant, la ligne en apparence claire du choix se brouille. Alors que Yanek et ses compagnons ont finalement choisi de ne pas tuer les enfants, ceux-ci « continuent de coûter cher » au héros (selon une variante de l'acte IV attribuée à Skouratov) : en prison, il est encore confronté au doute sur la justification du meurtre. De même, lorsque Dora tente de révéler à Yanek la difficulté de tuer un homme, elle finit par le déstabiliser au point de mettre en péril l'action. Par la suite, elle défend le refus du jeune homme de sacrifier les enfants, mais elle lui demandera, au nom de son amour, d'oublier ceux qui meurent de faim. C'est avec douceur que Yanek affirme qu'il va tuer et c'est en s'enfuyant que Voinov crie : « La Russie sera belle ! » Le propre de la création est toujours de montrer les choses sous deux aspects : il y a deux justices, l'une vivante et l'autre morte, il y a deux amours, l'un masculin et l'autre féminin, il y a deux rapports au temps, l'un tourné vers le passé qui voudrait jouir du présent, l'autre dirigé vers l'avenir, pressé d'en finir, un printemps timide et un hiver qui dure, des individus égoïstes qui aimèrent jadis la vie et une communauté fraternelle qui meurt pour un peuple qui l'ignore. Il y a la vie jusque dans la mort, un « Je… » qui meurt dans un lancinant « La Russie sera belle ! ». À la manière du corps démantelé du grand-duc qui n'était pas qu'une idée, chaque personnage des *Justes* connaît le démembrement tragique qui coûta la vie à Dionysos, Dieu grec de la tragédie, et qui fait mourir l'enfant en soi.

3. *Le tour de l'homme en cinq actes*

Si les enfants dans la calèche furent épargnés, l'innocence, elle, est sacrifiée. Yanek, joyeux et idéaliste, affronte la réalité du meurtre, la résistance du corps, l'étonnement du regard qui voit la mort. Si la tragédie d'Œdipe est celle d'un dévoilement qui conduit le héros enfin lucide à se crever les yeux, celle de Kaliayev est celle d'un regard qu'il faut tôt ou tard diriger vers un homme, là où l'on rêvait d'un principe. L'enfance du révolutionnaire est bienheureuse car aveugle : même Stepan hésite à ouvrir les yeux quand il énonce l'arrêt de mort des enfants, quant à Voinov, il rêve d'une révolution qui se ferait « à tâtons » sans qu'il ait à prendre la moindre initiative.

> DORA : Toi, tu vas le voir de près. De très près…
> YANEK : Je ne le verrai pas.
> DORA : Pourquoi ? Fermeras-tu les yeux ?
> YANEK : Non. Mais Dieu aidant, la haine me viendra au bon moment, et m'aveuglera.

Et quand on est parvenu à surmonter la peur et les doutes, il faut encore au cœur de la prison affronter l'image du meurtrier qu'on est devenu et trouver de bonnes raisons de résister aux désillusions qui s'accumulent : un peuple qui ne comprend rien et pour lequel on n'est jamais qu'un barine, des enfants dont on nous dit qu'ils n'étaient pas innocents, une veuve si humaine et qui ressemble peut-être à celle qui va bientôt pleurer le condamné à mort… Derrière la trajectoire héroïque qui conduit Yanek à la mort, grouille tout un monde de questions qui ruine toute certitude. Quelle différence en effet entre Yanek, meurtrier du grand-duc, et Foka, le bourreau qui rachète son crime en exécutant les prisonniers ? Stepan, soudain humanisé par la douleur qu'il avoue, a-t-il finalement tort de vouloir en finir avec le régime honni qui tue les enfants et les poètes ? Inversement, si on a pu interpréter sa manière de laisser place à Dora à la fin de la pièce comme un signe d'ouverture aux autres (Pierre-Louis Rey dans la préface aux *Justes*, « Folio théâtre »), on peut aussi craindre que ne soit franchie une étape supplémentaire dans le cynisme, qui consisterait à utiliser la douleur des autres pour ne jamais soi-même se salir les mains. Les questions si pertinentes de Dora finissent par miner de l'intérieur toute vérité : et si le geste de Yanek était vain et préparait la venue d'un monde qui instrumentalise le sacrifice ? Hésitation renouvelée par la manière dont l'acteur choisira de prononcer le *leitmotiv* mécanique des révoltés : « La Russie sera belle. » Il est jusqu'au titre de la pièce qui hésita longtemps entre l'innocence (*Les Innocents*) et la culpabilité (*Les Coupables*) avant de trancher du côté de la Justice.

Au cœur de la tragédie, les valeurs s'équilibrent au risque de se désagréger pour finir par heurter les bases les plus solides des espoirs des héros. Au fil de ses *Carnets* ou de ses autres œuvres, Camus laisse échapper des notations qui ébranlent le lecteur : « Rien au monde ne vaut qu'on se détourne de ce qu'on aime » (*La Peste*). Et à propos de *Roméo et Juliette* : « […] rien n'invite ici à chérir des amants malheureux. Rien n'est plus vain que mourir pour un amour. C'est vivre qu'il faudrait. Et [un amant] vivant vaut mieux que Roméo dans la terre et malgré son rosier » (*Noces*). Enfin, *L'État de siège* peu de temps avant *Les Justes* oppose l'amour des hommes et celui des femmes et on ne saurait dire vers lequel Camus penche :

> LES FEMMES : Misère sur nous surtout qui sommes les désertées et qui portons à longueur d'années ce monde que leur orgueil prétend transformer […] Alors, au lieu de cette mort solitaire, peuplée d'idées, nourrie de mots, vous connaîtrez la mort ensemble, vous et nous confondus dans le terrible embrassement de l'amour ! Mais les hommes préfèrent l'idée. Ils fuient leur mère, ils se détachent de l'amante, et les voilà qui courent à l'aventure, blessés sans plaie, morts sans poignards, chasseurs d'ombres, chanteurs solitaires, appelant sous un ciel muet une impossible réunion et marchant de solitude en solitude, vers l'isolement dernier, la mort en plein désert !

Les Justes, une tragédie d'amour ? La corde que les amants voudraient partager, ils se contentent de l'espérer et l'ombre du malentendu plane sur la pièce. Seul le spectateur sera le témoin impuissant du désir des amants.

Après l'amour, la mort elle-même est passée au crible du regard tragique : égarés par la propagande de Skouratov, les compagnons de Yanek hésitent longtemps sur sa trahison et sont finalement contraints de fabriquer le récit de sa mort héroïque. Dora l'imagine d'abord, puis la récite avec Stepan pour la réécrire et essayer de lire la joie ou le calme sur un visage qu'elle n'a pas vu. L'équilibre des valeurs se transforme en désert dont on ne peut plus sortir que par la fiction et par le langage : l'amour se niche alors dans la trame d'un poème récité à deux, le sacrifice qui fait de la vie un destin se rêve tout d'abord dans la clandestinité comme solution à la souillure, puis se fait mythe par le récit répété et déjà sublimé de l'exécution (le costume noir et romantique, l'accordéon, les chiens, le calme impassible du héros…). *Les Justes* est donc une tragédie moderne parce que, faisant entendre la douleur de chacun, la pièce dresse les hommes et leurs raisons les uns contre les autres en éclairant la complexité de tout choix social ou métaphysique. Parce que les personnages, incapables finalement de se dévoiler à celui qui, seul, pourrait les entendre et les comprendre, font du spectateur le témoin de la fatalité d'un malentendu. Parce que broyés par l'Histoire, les justes sont condamnés à éternellement recommencer comme Sisyphe : recommencer à tuer, « Recommencer, Dora… » Et ils n'ont pour seule porte de sortie que d'aller avec lucidité, une fois encore, jusqu'au bout du drame et de leurs contradictions pour en faire le récit. Mais qu'il est difficile d'imaginer les justes heureux…

En refermant l'ouvrage ou en sortant du théâtre, le lecteur ou le spectateur pourra, comme l'y encourageait Camus, admirer des hommes et des femmes qui vécurent leur déchirement jusqu'à la mort, mais il aura surtout affronté ses propres doutes et peut-être perdu quelques certitudes. Tel est en tout cas le rôle que Camus assignait au théâtre : « Le théâtre laisse entendre par exemple que chacun porte en lui une part d'illusion et de malentendu qui est destinée à être tuée. »

Pour aller plus loin

Albert Camus, Le théâtre, études réunies par Raymond GAY-CROSIER, *La Revue des lettres modernes,* n° 7, Cahiers Albert Camus, 1975.

Albert Camus et le théâtre, textes réunis par Jacqueline LÉVI-VALENSI (Actes du colloque d'Amiens, 1988), IMEC Éditions, 1992.

L'écrivain
à sa table de travail

Les Purs, l'épure

CAMUS COMMENCE à s'intéresser aux terroristes russes vers 1946 : ses *Carnets* indiquent qu'il lit à cette date deux ouvrages de Herzen (révolutionnaire russe né en 1812 et mort en 1870), *À qui la faute ?* et *Sur le développement des idées révolutionnaires en Russie.* Dans le *Cahier* n° V qui s'étend de septembre 1945 à avril 1946, s'élabore le projet de la pièce de théâtre qui deviendra *La Corde* puis finalement, sous l'impulsion de Jean Grenier, *Les Justes.* À côté des nombreuses lectures que Camus effectue pour étayer tant sa pièce que les chapitres de *L'Homme révolté* sur la révolte métaphysique, s'échafaude le cheminement qui conduit l'écrivain de la première partie de son œuvre (le cycle de l'Absurde) à la seconde (le cycle de la Révolte) et s'ouvre peut-être la troisième qui restera inachevée : le cycle de l'Amour ou de Némésis, déesse grecque de la Vengeance mais aussi de la Mesure. « Ainsi, écrit Camus, parti de l'absurde, il n'est pas possible de vivre la révolte sans aboutir en quelque point que ce soit à une expérience de l'amour qui reste à définir. »

Le premier état de la pièce date de février 1949 : à cette époque Camus, sous l'influence d'Hébertot, le directeur du théâtre où doit se jouer l'œuvre, hésite encore à rédiger un cinquième acte. Mais, après avoir corrigé, à l'aide des remarques de Jean Grenier, l'acte IV, il finit par en rajouter un dernier, comme il le prévoyait au départ, et fait revenir le personnage de Voinov, métamorphosé par le procès de Yanek. Pendant les répétitions auxquelles Camus, malade, n'assiste pas, la pièce s'appelle encore *La Corde*, terme que les acteurs, superstitieux, remplacent dans le texte par « le fil ». *Les Justes* est joué pour la première fois le 15 décembre 1949.

Si la rédaction de la pièce a été somme toute assez rapide (moins de deux ans), l'étude des *Carnets*, des variantes et des modèles qui ont pu influencer Camus, montre non seulement la maturation de l'intrigue et de l'écriture, mais révèle surtout comment l'écrivain est allé sans cesse dans le sens du dépouillement offrant à ses personnages, en quête de pureté et de vérité, la transparence d'une épure classique.

1.

Papiers de terroristes

Petrachevski, Bielinski, Pissarev, Herzen, Bakounine, Tolstoï, Dostoïevski… toutes ces lectures ne servent pas directement à Camus pour rédiger *Les Justes* mais alimentent bien davantage la réflexion politique qu'il mène parallèlement pour *L'Homme révolté*. Il semble pourtant évident que les personnages de Yanek, Dora, Stepan ou Annenkov tirent leur profondeur et leur humanité de ce savoir considérable accumulé par l'écrivain. Mais plus encore que les écrits théoriques, ce sont les témoignages des terroristes eux-mêmes qui ont influencé Camus.

1. *Se souvenir de Boris Savinkov*

Cité dans les *Carnets*, Boris Savinkov (1879-1925) avec ses *Souvenirs d'un terroriste* est non seulement le modèle du personnage d'Annenkov, mais il est aussi celui qui a fourni le plus de détails véridiques sur l'attentat contre le grand-duc Serge qu'il dirigea en personne. Or, la comparaison entre les différents récits qu'il fit de l'attentat et la version qu'en donne *Les Justes* montre tout à la fois combien Camus s'inspira de Savinkov, mais aussi combien il modifia certains éléments fondamentaux pour créer les personnages de Dora et de Kaliayev.

Voici un extrait des souvenirs de Savinkov, cité dans l'ouvrage *Tu peux tuer cet homme… Scènes de la vie révolutionnaire russe*, recueil de textes choisis, traduits et présentés par Lucien Feuillade et Nicolas Lazarévitch, édité chez Gallimard en 1950 dans la collection « Espoir », précisément dirigée par Camus.

> Sur une tour lointaine, au Kremlin, une horloge tinta lentement… une, deux : deux heures. C'était le moment.
> — Adieu, Yannek.
> — Adieu.
> Nous n'avions pas la force de nous séparer. Le temps était plus doux. On entendait le bruit sourd de l'eau dans les gouttières. Sous nos pieds, la neige, la neige était moisie et friable. Seuls, dans le silence, nos cœurs battaient.
> Il me dit encore :
> — Ne t'en va pas, attends un peu.
> Dans la rue Ilinka des gens venaient, nous croisaient,

nous dépassaient en se hâtant. Comme nous les sentions étrangers, tous !

Nous marchions en silence, l'un près de l'autre, sans nous voir, sans nous regarder.

Brusquement, il me dit :

— N'aie pas peur. Je ne me tromperai pas. Tout sera fait ici comme il faut… et aussi après, une fois la chose accomplie.

Nous approchions du Kremlin. Face à face, immobiles, nous nous regardâmes une dernière fois, longuement, dans les yeux, dans l'âme. Il me mit la main sur l'épaule, me regarda encore, et tout à coup m'embrassa longuement et fortement sur les lèvres.

Dans nos cœurs, c'était la nuit.

Savinkov, dans *Le Cheval blême,* paru en 1908, fait le récit de l'attentat manqué que l'on retrouve dans *Les Justes* : Kaliayev s'y nomme Vania tandis que Savinkov est George, le narrateur.

À huit heures exactes, Vania est posté à la porte du Sauveur. Fiodor à la porte de la Trinité, Heinrich à celle du Bois. Je me promène dans l'enceinte du Kremlin. J'attends que l'on fasse avancer la voiture devant le palais.

La lumière de ses lanternes jaillit soudain dans l'obscurité. Les portes vitrées claquent. Une ombre grise apparaît sur l'escalier blanc. Les chevaux noirs contournent le perron au pas et puis prennent lentement le trot. Le carillon de la tour chante […] le gouverneur général a déjà atteint la porte du Bois […]. Je me tiens au pied de la statue d'Alexandre II. Le tsar me domine dans l'obscurité. Les fenêtres du palais du Kremlin sont éclairées. J'attends (*Le Cheval blême*, Phébus, Libretto, 2003).

2. *Dans les interstices du réel*

Si Camus reprend à Savinkov non seulement les éléments principaux de l'intrigue et certains détails de l'atmosphère, il atténue en revanche d'autres faits sur lesquels le terroriste devenu écrivain insistait particulièrement comme le mysticisme de Yanek ou sa tentation suicidaire. Mais surtout Camus donne à Dora une tout autre dimension et invente l'amour qui la lie à Kaliayev. Dans ses souvenirs, en effet, Savinkov dessine un portrait fragile et presque névrosé de Dora (qui mourra folle en prison) : frêle, solitaire, dévorée par un amour absolu de la justice qui n'a d'égal que son horreur de tuer, Dora est une femme torturée mais elle n'est pas l'amoureuse imaginée par Camus. À considérer les écrits de Savinkov, on voit combien Camus a su se glisser dans les interstices du réel pour créer un couple d'amoureux et un personnage féminin dont il reconnaîtra qu'il est l'un de ceux qu'il préfère dans toute son œuvre. Alors que Savinkov rapporte ainsi les paroles de Dora après l'attentat : « Le grand-duc a été tué ! Mon dieu, c'est nous, c'est moi ! Je l'ai tué ! Oui, c'est moi qui l'ai tué », Camus choisit, lui, de leur conférer un sens plus ambigu puisque le cri de la jeune femme concerne tout autant le tyran que Yanek, ce que Stepan ne manque pas de relever : « Qui avons-nous tué ? Yanek ? »

3. *La voix des révolutionnaires*

À ce texte de référence central qui servit d'ailleurs de modèle à d'autres écrivains désireux de traiter de la révolution russe (Blaise Cendrars dans *Moravagine* paru en 1926 ou Joseph Conrad dans *Sous les yeux d'Occident* en 1911), s'ajoutent d'autres témoignages que Camus utilise de façon plus disparate. Ainsi dans *Tu peux tuer cet homme...* de Lazarévitch, l'ami libertaire de Camus, un recueil de textes réalisé au moment même de la rédaction des *Justes*, l'écrivain aura pu trouver la mention de la « tragédie du camp de Kara » où plusieurs détenues s'empoisonnèrent pour protester contre le châtiment injuste et inhumain de l'une d'entre elles (voir le suicide de Véra pour protester contre le fouet donné à Stepan), mais aussi l'histoire de Iegor Sozonov qui fut fait prisonnier après son attentat contre Plehve et à qui l'on fit croire qu'il avait tué quarante personnes dont une fillette de quatre ans. Quand Camus évoque, à la fois dans ses *Carnets* et dans l'acte IV des *Justes*, la terrible solitude et l'aveuglement du prisonnier, c'est peut-être au témoignage d'Iegor qu'il pense : « Ne tombez jamais vivants entre les mains de l'ennemi. Il est atroce. » Sozonov se suicida, lui aussi, au bagne, par protestation.

Dans l'ellipse des répliques de Stepan, qui se refuse un temps à parler du bagne, et dans les silences pesants de Dora, qui a vu mourir Schweitzer, se glissent les voix des révolutionnaires russes que Camus avait lus et qu'il comptait rappeler aux acteurs lors des répétitions de façon à donner un corps aux mots.

2.

Terroristes de papier

Aux témoignages réels, il faut adjoindre des modèles littéraires plus ou moins assumés par Camus.

1. *Dostoïevski toujours*

Dostoïevski est assurément le plus revendiqué. Camus lui emprunte non seulement la question métaphysique du meurtre des enfants (déclinée dans presque tous les romans du Russe), mais aussi, pour partie, sa grille de lecture du mouvement nihiliste. « Détruire, tout détruire » (*Carnets*), tel est le mot d'ordre des *Possédés* de Dostoïevski comme celui de Stepan, souriant à l'idée des bombes qui pourraient raser Moscou. Foka, l'assassin bourreau, a de même un frère en littérature dans le personnage de Fedka, sordide assassin des *Possédés*. Quant à Skouratov, le policier du tsar, il a les mêmes accents ironiques et le même talent pour traquer les faiblesses des idéalistes que le juge Porphyre qui aura raison de l'étudiant criminel Raskolnikov dans *Crime et Châtiment*. « Ébranlé à vingt ans » par la lecture de Dostoïevski, Camus y puise finalement une vision de la nature humaine qui fait de chaque être le dépositaire d'un secret trop lourd à porter (dans la pièce, il s'agit souvent du passé des personnages) qu'il faut savoir révéler pour avoir une chance d'être sauvé. À l'instar des héros de Dostoïevski, les personnages des *Justes* font le détour par la souillure, le mal, l'orgueil et la découverte de « l'esprit de négation et de mort » ; comme eux, ils espèrent en réchapper par la souffrance qui rachète, le don de soi ou l'humilité. Comme Dostoïevski enfin, les justes rêvent d'un « communisme évangélique [...] enraciné dans l'idée d'une responsabilité de chacun et de tous à l'égard de tous et de chacun » (*Carnets* cités par Olivier Todd dans *Camus, Une vie*, Gallimard, 1996).

2. *Malraux encore*

Peut-être moins assumée mais tout aussi explicite, l'influence des romans historiques de Malraux, auteur que Camus ne cesse d'admirer, s'exerce sur *Les Justes*. Ainsi quand Kaliayev songe à se faire exploser avec sa bombe et parle du *seppuku* des Japonais, on pense à Tchen l'anarchiste de *La Condition humaine* (1933) qui rêve de s'abîmer dans le meurtre au point d'en faire une mystique ; il se jettera avec sa bombe sous les roues de la voiture qui était censée transporter Tchang Kaï-shek en espérant reconquérir une unité spirituelle que la souillure du meurtre lui avait fait perdre. Un temps du moins, Tchen aura lui aussi ses disciples. Plus largement, les thèmes de la souffrance de l'enfant (le fils d'Hemmelrich), du heurt entre l'exigence amoureuse et l'engagement politique (May la compagne de Kyo veut le suivre au cœur du danger), l'épreuve, enfin, de la prison qui révèle les faiblesses et le fond des êtres (Kyo en prison face au fou torturé) sont communs aux deux œuvres. Elles les explorent cependant chacune à sa manière : *La Condition humaine* privilégie l'interrogation métaphysique sur le sens de la vie là où *Les Justes* creuse le volet éthique de l'engagement politique.

3. *Sartre malgré tout*

En 1949, Sartre n'est pas encore tout à fait le « frère ennemi » de Camus et *Libération* titre au lendemain de la première des *Justes*, « Les mains pures » en écho à la pièce *Les Mains sales* jouée l'année précédente. Les deux œuvres traitent de la même question en prenant une position exactement opposée. Sartre crée le personnage du jeune Hugo, qui se rêve terroriste pour rompre avec son milieu bourgeois. L'écrivain semble alors donner à Camus, qui assista aux répétitions de la pièce, son futur sujet : « En Russie, à la fin de l'autre siècle, il y avait des types qui se plaçaient sur le passage d'un grand-duc avec une bombe dans leur poche. La bombe éclatant, le grand-duc sautait et le type aussi. Je peux faire ça. » Mais Sartre récuse une telle attitude : « C'étaient vraiment des anars. Tu en rêves parce que tu es comme eux : un intellectuel anarchiste. Tu as cinquante ans de retard : le terrorisme, c'est fini. » Confronté au complexe personnage d'Hoederer, Hugo découvre comme Yanek la difficulté de tuer quand le sang coule mais contrairement au « juste », il vacille, séduit par l'expérience de celui qui s'apparente à un père de remplacement : « Tous les moyens sont bons quand ils sont efficaces [...] Moi j'ai les mains sales. Jusqu'aux coudes, je les ai plongées dans la merde et dans le sang. Et puis après ? Est-ce que tu t'imagines qu'on peut gouverner innocemment ? » Partis en apparence de la même interrogation, Sartre et Camus n'ont pas suivi le même chemin : les personnages du premier se demandent comment exercer le pouvoir alors que ceux du second cherchent à être dans et par l'action. L'opposition entre *Les Mains sales* et *Les Justes* préfigure la rupture de 1951 avec la parution de *L'Homme révolté*. Le fossé est encore plus profond en ce qui concerne l'écriture théâtrale : Sartre détaille longuement la complexité des positions en soulevant le voile du passé et des névroses des héros alors que Camus propose de les masquer et de tout retenir dans une formulation classique jusqu'à l'âpreté. Hugo s'épanche et se livre, Yanek se maîtrise tant bien que mal, et se domine pour continuer à aimer.

3.

Les Justes, un classique : l'esthétique du dépouillement

L'étude des variantes du texte des *Justes* révèle une volonté de simplification des répliques pour accentuer la cohérence et l'unité de ton de la pièce. Au fil des relectures, l'écrivain supprime bien plus qu'il n'ajoute et il élimine des éléments peut-être jugés superflus ou dissonants avec l'atmosphère carcérale qui étouffe les personnages.

1. *« La véritable œuvre d'art [...] est essentiellement celle qui dit "moins" »* (Le mythe de Sisyphe, *« La création absurde »*)

Pour Camus, une œuvre est « féconde à cause de tout un sous-entendu d'expérience dont on devine la richesse ». Les variantes et le premier état des *Justes* montrent combien l'écrivain cisela son texte pour gagner en intensité par la densité.

De ce point de vue la comparaison entre le début de l'acte I et la première version de *La Corde* est significative : Camus élimine les aspects de comédie et tous les éléments anecdotiques du premier jet pour ne conserver de l'évocation des préparatifs que la mention rapide du déguisement d'actrice de Dora (on apprenait avant, par exemple, que les révolutionnaires transportent les explosifs dans des cartons à chapeaux). De même, Camus supprime des précisions techniques (la manière de préparer les bombes). Dans l'acte IV, les informations que Skouratov donnait à Yanek sur ses compagnons qui avaient échappé à la police passent à la trappe, ce qui renforce la solitude et l'aveuglement du héros. Camus approfondit l'unité de l'intrigue qui ne se disperse plus ; mais il aiguise aussi la curiosité du spectateur engagé à être attentif pour interpréter le moindre indice qui l'éclairera sur l'histoire des héros.

L'étude des variantes révèle également un infléchissement des caractères de certains personnages qui, dans la version finale, sont peut-être moins radicaux et tranchés qu'au début. Ainsi, dans les premiers jets de l'acte IV, Skouratov était beaucoup plus volubile, ironique, voire inquiétant, que dans la version définitive où Camus lui ôte du répondant et finalement de l'efficacité. Il était en tout cas plus explicite quant à sa stratégie pour obtenir la trahison de Yanek : « Mais quoi ! les révolutionnaires sont parfois criminels, il n'empêche que la révolution est idéaliste. Non ? La police, voyez-vous, c'est la physique des âmes. Comment peser sur une âme… quel est son indice de résistance, l'amplitude de son élasticité… » Plus humain et assurément plus agaçant, Skouratov était un personnage à part entière qui parvenait à déstabiliser Yanek. Symptomatiquement, Camus faisait d'ailleurs s'écrier au jeune révolutionnaire : « Oh, non ce n'est pas cela ! Dora, ce n'est pas cela », et par deux fois : « Frères, Frères, ne m'abandonnez pas ! », répliques qui, elles aussi, disparaîtront. Yanek sort de l'épreuve de la prison moins affaibli et plus sûr de lui : s'il a douté, il semble grandi, comme un héros de Corneille, d'avoir déjoué les pièges qui lui ont été tendus.

D'autres infléchissements de même nature sont introduits par Camus : la grande-duchesse, jugée « trop feuilletonesque » par Jean Grenier, gagne en dignité, mais aussi en sécheresse avec son mépris pour les hommes et sa religiosité désincarnée. Foka, l'assassin, est un homme du peuple qu'il ne faut pas trop écraser : Camus décide de réduire de cinq à deux fois le nombre d'exécutions qu'il a effectuées pour racheter ses années de prison. Il n'y a que Dora qui semble avoir été conçue d'un seul tenant par Camus et qui connaît peu de modifications dans ses répliques.

En revanche, l'amour qui l'unit à Yanek devient nettement plus elliptique : au fond de sa prison, le révolutionnaire ne dit finalement pas de façon explicite à la grande-duchesse qu'il a aimé une femme et qu'il rêve de partager la mort avec elle puisque la vie leur est refusée. Camus avait pourtant rédigé une réplique révélatrice que la version finale édulcore considérablement :

> KALIAYEV : Je veux croire qu'il nous reste l'amour de l'homme pour la femme.
> LA DUCHESSE : Que voulez-vous dire ? […] Le sait-elle ?
> KALIAYEV : Elle sait que je ne puis l'aimer qu'à ce dernier moment. Réconcilié avec moi-même, justifié enfin à mes propres yeux, je m'abîmerai dans le seul amour qui nous soit permis. Elle sait cela. Elle sera avec moi à ce moment-là. Plus tard, peut-être viendra-t-elle aussi à ce même rendez-vous, réconciliée à son tour. La corde nous unira.

En éliminant la référence claire à Dora, Camus affermit la trajectoire politique de Yanek. Nous pouvons rêver les amoureux unis dans la mort à l'image de Roméo et Juliette, mais ce n'est pas ce qui leur arrive et à peine ce qui est dit dans la pièce. La séparation est donc accentuée et le fossé de silence se creuse entre les deux personnages pour les figer dans la grandeur glacée des héros tragiques. Mais si Dora et Yanek expriment moins directement leurs sentiments, leur retenue toute classique fait pourtant croître l'émotion d'un spectateur devenu le témoin impuissant de leurs désirs étouffés.

Entre le premier état et la version définitive, Camus éloigne ses personnages les uns des autres mais espère les rapprocher de la vérité en leur épargnant les mensonges du verbiage ou des formules toutes faites. Yanek ne récite plus à Skouratov le programme du parti socialiste ; son verbe se fait plus dur et plus cristallin. Là où le policier multiplie les paradoxes et Stepan les maximes péremptoires sur les vrais et faux révolutionnaires, Camus réserve à Dora et à Yanek un langage pur qui cherche à dire la vérité. Et quand le doute et le désir sont trop forts, ils brisent les mots et le silence s'installe une fois de plus. C'est dans ces silences et ces ellipses, dans ces points de suspension ou ces paroles prononcées dans un souffle, que se niche l'humanité que Camus a renforcée en travaillant avec soin le montage de ses scènes. Les *Carnets* indiquent des ébauches de passages où les personnages s'affrontaient directement : c'est à Yanek que Dora disait tout d'abord ses doutes sur le terrorisme : « Non Yanek, si la seule solution est la mort, alors nous ne sommes pas dans la bonne voie. La bonne voie est celle qui mène à la vie. » Or ce sera finalement à Annenkov qu'elle adressera ces mots, épargnant au jeune héros le véritable débat tout en précipitant l'attentat. De même, ce qui était échangé d'abord entre Stepan et Annenkov (« Où trouverai-je la force d'aimer ? Il ne me reste que celle de haïr ») sera dit à Dora, ainsi que ce qui était dit entre Yanek et Stepan (« Pourquoi souris-tu Stepan ? »), comme pour esquisser le couple final : Dora et Stepan se ressemblent parce qu'ils ont perdu l'amour. Camus creuse la distance entre les amoureux et rapproche l'improbable couple formé par Dora et Stepan. Au lecteur d'établir les liens, d'entendre les échos et de deviner ce qu'ils suggèrent : la corde qui unit le « terrible amour » au « terrible bruit ».

3. « *Le danger rend classique* » *(Revue Témoins, n° 8, printemps 1955, « Le refus de la haine »)*

Dans la langue comme en politique, les mots sont chargés comme des armes : la mesure s'impose. Les justes en fixant des limites ne pouvaient qu'y assujettir leurs paroles. Le travail que Camus effectue révèle une volonté d'épure qui contraste avec l'exubérance de *L'État de siège* mais qui répond également au goût de l'écrivain pour l'art classique. Jean Grenier en commentant *Les Justes* ne s'y trompa pas : « Jamais vous n'avez atteint à une telle intensité au théâtre dans le dépouillement. C'est ce qu'on est convenu d'appeler un chef-d'œuvre. » Avant de devenir un classique de la littérature, *Les Justes* est une œuvre classique qui, non seulement répond aux règles de cette esthétique, mais parvient surtout à un haut degré d'émotion avec une remarquable économie de moyens.

Des lieux limités et quasi semblables, trois semaines qui courent d'un matin à un autre, une intrigue en cinq actes qui voue le héros à l'échafaud, des confidents, des aveux, un dilemme, la bienséance qui est sauve puisque nul ne meurt sur scène… *Les Justes* semble avoir relevé le défi de proposer au public du XXe siècle une pièce digne du XVIIe. La révolution est invisible comme le destin et les héros sont déchirés par une Histoire sans visage dont on n'entend que les échos lointains : leur tragédie est intérieure et elle n'existerait pas s'il n'y avait tout ce sang sur une robe blanche. Encore ne le verrons-nous pas… Si *Les Justes* est une pièce classique, ce n'est finalement pas tant en raison du respect de la règle dite des trois unités que parce que Camus fait du langage et de son incarnation dans le « corps vibrant des acteurs » la finalité même de l'œuvre. Pour parvenir jusqu'à l'échafaud et pour y monter grandi, il ne reste plus que la force brûlante du récit, débarrassé des scories du bavardage, que Dora et Stepan font de l'exécution. À propos de *La Princesse de Clèves*, de Mme de La Fayette, Camus écrivait déjà en juillet 1943 (« L'intelligence et l'échafaud », *Essais*, La Pléiade, 1965) :

> Et cette recherche d'un langage intelligible qui doit recouvrir la démesure de son destin, le conduit à dire non pas ce qui lui plaît, mais seulement ce qu'il faut. Une grande partie du génie romanesque français tient dans cet effort éclairé pour donner aux cris des passions l'ordre du langage pur.

« Œuvre sèche et brûlante » à l'image des classiques aimés, *Les Justes* définit, en politique comme en esthétique, une mesure entre la passion et la raison, entre l'exigence intarissable de justice et celle, inépuisable, du bonheur.

Pour aller plus loin

On peut consulter les variantes des *Justes* dans les notes du tome III des œuvres de Camus dans La Pléiade, 2008. Les *Carnets* qui vont de janvier 1942 à mars 1951 ont été édités chez Gallimard en 1964.

Quatre femmes terroristes contre le tsar, textes présentés et réunis par Christiane FAURE, actes et mémoires du peuple, Maspero, 1978.

Jean-Paul SARTRE, *Un théâtre de situations*, Gallimard, « Folio essais », 1992. On y trouvera parmi les textes consacrés aux *Mains sales* un passage où Sartre analyse ses points d'opposition avec Camus, ainsi qu'un exposé sur « le style dramatique » où il dialogue briè-vement avec Camus sur *Le Malentendu*.

Groupement de textes

« Dire les événements
sans jamais les vivre »

EN 1943, CAMUS RELIT *SURENA* de Pierre Corneille
et note dans ses *Carnets* : « L'admirable gageure du
théâtre classique où de successifs couples d'acteurs
viennent dire les événements sans jamais les vivre —
et où pourtant l'angoisse et l'action ne cessent de
croître. »

L'exigence de respect des règles de bienséance inter-
disait au théâtre classique de représenter sur la scène
des faits qui pouvaient choquer le public et heurter
sa pudeur : on ne meurt pas sur scène mais en cou-
lisses, on s'y suicide encore moins, on s'y bat à peine
et si l'on y tombe amoureux, le déchaînement de la
passion a une voix mais ne saurait avoir un corps. On
usait alors du récit pour dire ce qu'on ne pouvait ni
ne voulait montrer. De telles obligations ne s'impo-
saient pas à Camus, par ailleurs grand admirateur du
classicisme français. Pourtant… le grand-duc a échappé
au premier attentat parce qu'il avait à ses côtés ses
neveux au regard si fixe, nous explique Kaliayev revenu
à l'appartement. Puis, derrière la fenêtre, une bombe a
explosé et un homme est mort, la tête arrachée. Nous
avons entendu la détonation et la robe de la grande-
duchesse était, nous dit-on, écarlate. Plus tard, au bas

du fleuve, un accordéon gémit et Yanek est pendu ; nous n'en verrons rien, mais celui qui a vu l'insoutenable est venu sur scène en faire l'amère relation. *Les Justes* dérobe au regard du public la véritable action de la pièce racontée ensuite par les personnages qui en furent les témoins. On peut dès lors penser que Camus relève un défi (écrire une œuvre où littéralement rien de ce qui s'y passe n'est représenté), mais qu'il répond également à une nécessité esthétique et peut-être philosophique. Bien que le récit des faits qui ne se déroulent pas sur scène n'y occupe pas une place très importante sur le plan quantitatif, *Les Justes* soulève la question centrale de la représentation du réel dans un lieu aussi dominé par l'artifice que le théâtre. La pièce interroge surtout les modalités du récit au sein d'une écriture vouée essentiellement au dialogue. Comment narrer au théâtre et pourquoi ? Comment remplacer ce qui se voit par ce qui est dit ? Loin de n'être qu'un subterfuge classique pour pallier les impossibilités techniques d'une représentation qui sera toujours en deçà du réel, le récit au théâtre est aussi un pari esthétique qui vise à insinuer le monologue dans un lieu dédié à l'échange et à exhiber l'artifice de la situation pour déclencher une révélation. Il s'agit alors de narrer l'action invisible pour agir et faire réagir les personnages et le public. Mettre en mots le chaos du monde et des passions, c'est entreprendre de les dominer et, finalement, de leur donner un visage humain. Il n'est de destin que pour les hommes qui savent, seuls, extraire chant et beauté de leur écrasement.

1.

« Une admirable gageure »

Dans le domaine de l'imitation, l'art sera toujours perdant face à la nature, explique Hegel dans *L'Esthétique*. Inutile de copier ce qui sera toujours trop vivant, trop complexe et finalement inépuisable. Le théâtre l'a bien compris, cet art qui symbolise toute une forêt avec un seul arbre en carton-pâte et qui finit parfois par renoncer au décor en demandant au public de faire un petit effort d'imagination. Dans *Les Justes,* les indications de décor sont très lacunaires et tout pourrait se réduire à la cellule unique d'une prison dont le mobilier changerait à peine. Camus aurait pu représenter l'attentat, incarner la foule et le peuple russe, pendre Yanek au beau milieu de la scène et peut-être certains metteurs en scène l'ont-ils fait. Mais il choisit, à l'instar des classiques, de dire pour faire et pour mieux faire voir.

La scène est toujours trop petite et l'histoire bien trop grande, le drame romantique, difficilement jouable, s'en rendra compte parfois à ses dépens. Faire le récit d'une bataille est non seulement plus simple que de la représenter, mais c'est aussi un moyen d'insérer la volonté humaine au sein de l'histoire qui échappe souvent à ses protagonistes. À Waterloo, Fabrice (le héros de *La Chartreuse de Parme* de Stendhal) est noyé dans le tumulte et le désordre du combat : il ne voit rien et perd l'héroïsme dans sa route. Le très célèbre récit que le Cid donne de la bataille épargne peut-être à Corneille sa représentation, mais il rend surtout compte de l'histoire selon un point de vue humain. Le regard et le verbe organisent la cohue, et du vaste monologue un héros sort grandi, qui vainquit tant par son courage que par la maîtrise du verbe. Inversement, le récit peut avoir une visée parodique et fabriquer alors un anti-héros comique comme dans l'acte II du *Dom Juan* de Molière où le paysan Pierrot cherche en vain à se faire bien voir auprès de sa fiancée en racontant comment il a sauvé le gentilhomme d'un naufrage.

MOLIÈRE (1622-1673)

Dom Juan (1665)

(« La bibliothèque Gallimard » n° 84)

CHARLOTTE : Notre-dinse Piarrot, tu t'es trouvé là bien à point !

PIERROT : Parguienne, il ne s'en est pas fallu l'épaisseur d'une éplingue qu'ils ne se sayant nayés tous deux.

CHARLOTTE : C'est donc le coup de vent d'à matin qui les avait renvarsés dans la mar ?

PIERROT : Aga, quien, Charlotte, je m'en vas te conter tout fin drait comme cela est venu ; car, comme dit l'autre, je les ai le premier avisés, avisés le premier je les ai. Enfin donc j'étions sur le bord de la mar, moi et le gros Lucas, et je nous amusions à batifoler avec des mottes de tarre que je nous jesquions à la tête ; car, commc tu sais bian, lc gros Lucas aimc à batifoler, et moi, par fouas, je batifole itou. En batifolant donc, pisque batifoler y a, j'ai aperçu de tout loin quelque chose qui grouillait dans gliau, et qui venait comme envars nous par secousse. Je voyais cela fixiblement, et pis tout d'un coup je voyais que je ne voyais plus rian. « Hé ! Lucas, ç'ai-je fait, je pense que v'là des hommes qui nageant là-bas. — Voire, ce m'a-t-il fait, t'as été au trépassement d'un chat, t'as la vue trouble. — Palsanguienne, ç'ai-je fait, je n'ai point la vue trouble, ce sont des hommes. — Point du tout, ce m'a-t-il fait, t'as la barlue. — Veux-tu gager, ç'ai-je fait, que sont deux

hommes, ç'ai-je fait, qui nageant droit ici, ç'ai-je
fait ? — Morguienne, ce m'a-t-il fait, je gage que non.
— Oh ! çà, ç'ai-je fait, veux-tu gager dix sous que si ? —
Je le veux bian, ce m'a-t-il fait ; et, pour te montrer, v'là
argent su jeu », ce m'a-t-il fait ; Moi, je n'ai point été ni
fou, ni étourdi ; j'ai bravement bouté à tarre quatre
pièces tapées, et cinq sous en doubles, jerniguenne,
aussi hardiment que si j'avais avalé un varre de vin ; car
je sis hasardeux, moi, et je vas à la débandade. Je savais
bian ce que je faisais pourtant. Queuque gniais ! Enfin
donc, je n'avons pas plutôt eu gagé, que j'avons vu les
deux hommes tout à plain, qui nous faisiant signe de
les aller quérir ; et moi de tirer auparavant les enjeux.
« Allons, Lucas, ç'ai-je dit, tu vois bian qu'ils nous appe-
lont ; allons vite à leu secours. — Non, ce m'a-t-il dit,
ils m'ont fait pardre. » Oh ! donc, tanquia, qu'à la par-
fin, pour le faire court, je l'ai tant sarmonné, que je
nous sommes boutés dans une barque, et pis j'avons
tant fait cahin caha, que je les avons tirés de gliau, et
pis je les avons menés cheux nous auprès du feu, et pis
ils se sant dépouillés tous nus pour se sécher, et pis il
y en est venu encore deux de la même bande, qui
s'équiant sauvés tout seul ; et pis Mathurine est arrivée
là, à qui l'en a fait les doux yeux. V'là justement, Charlotte, comme tout çà s'est fait.

(Acte II, scène 1)

2.

Mettre à distance pour réunir

Plutôt que de tenter vainement de combler la distance entre le réel et la représentation, Camus,
comme les classiques, préfère la creuser et en faire
une source de sens. En séparant le spectateur des
faits, remplacés par des mots, et en renforçant parfois

l'artifice de la situation de parole (arrivée inopinée d'un messager, d'un témoin ou mise en scène d'une vision), le dramaturge accentue paradoxalement ce qui relie le public au personnage : un langage commun et des sentiments partagés. Pulvérisant le décor et tout ce qui pourrait tenter de singer le réel, le récit fait oublier la scène pour créer une parenthèse hors temps où le présent peut fusionner avec le passé : il fait toucher l'essentiel au spectateur. C'est pourquoi les personnages tragiques sont à la fois si lointains et si proches et pourquoi les révolutionnaires russes nous sont étrangers par leur histoire mais frères par leur déchirement amoureux et moral. Les monstres qui devraient nous repousser, nous ressemblent et on se prendrait même à les envier. Depuis plus de trois siècles, Phèdre frémit devant son ennemi : elle nous parle d'un inceste que nous ne voulons pas connaître et, pourtant, nous l'entendons. « Ce mal qui vient de plus loin », et qu'approfondit encore davantage le fossé de la représentation théâtrale, nous est proche parce qu'il est à la fois connu et rêvé avec des mots que nous n'aurons jamais : ici le récit retrace au passé ce qui ne pouvait être montré sans choquer au XVIIᵉ siècle et, ce faisant, il redouble et intensifie la passion en donnant une réalité brûlante au souvenir. L'aveu de Phèdre à Œnone prépare celui, déguisé, à Hippolyte, et le récit de la passion monstrueuse de Phèdre devient celui de la passion universelle.

Jean RACINE (1639-1699)

Phèdre (1677)

(« Folioplus classiques » n° 151)

Phèdre, l'épouse de Thésée est tombée amoureuse du fils de celui-ci.

PHÈDRE

Mon mal vient de plus loin. À peine au fils d'Égée
Sous les lois de l'hymen je m'étais engagée,
Mon repos, mon bonheur semblait être affermi ;
Athènes me montra mon superbe ennemi.
Je le vis, je rougis, je pâlis à sa vue ;
Un trouble s'éleva dans mon âme éperdue ;
Mes yeux ne voyaient plus, je ne pouvais parler ;
Je sentis tout mon corps et transir et brûler ;
Je reconnus Vénus et ses feux redoutables,
D'un sang qu'elle poursuit tourments inévitables.
Par des vœux assidus je crus les détourner :
Je lui bâtis un temple, et pris soin de l'orner ;
De victimes moi-même à toute heure entourée,
Je cherchais dans leurs flancs ma raison égarée.
D'un incurable amour remèdes impuissants !
En vain sur les autels ma main brûlait l'encens :
Quand ma bouche implorait le nom de la Déesse,
J'adorais Hippolyte ; et le voyant sans cesse,
Même au pied des autels que je faisais fumer,
J'effrois tout à ce dieu que je n'osais nommer.
Je l'évitais partout. Ô comble de misère !
Mes yeux le retrouvaient dans les traits de son père.
Contre moi-même enfin j'osai me révolter :
J'excitai mon courage à le persécuter.
Pour bannir l'ennemi dont j'étais idolâtre,
J'affectai les chagrins d'une injuste marâtre ;
Je pressai son exil, et mes cris éternels
L'arrachèrent du sein et des bras paternels.
Je respirais, Œnone ; et depuis son absence,
Mes jours moins agités coulaient dans l'innocence.

Soumise à mon époux, et cachant mes ennuis,
De son fatal hymen je cultivais les fruits.
Vaines précautions ! Cruelle destinée !
Par mon époux lui-même à Trézène amenée.
J'ai revu l'ennemi que j'avais éloigné :
Ma blessure trop vive aussitôt a saigné.
Ce n'est plus une ardeur dans mes veines cachée :
C'est Vénus toute entière à sa proie attachée.
J'ai conçu pour mon crime une juste terreur ;
J'ai pris la vie en haine, et ma flamme en horreur.
Je voulais en mourant prendre soin de ma gloire,
Et dérober au jour une flamme si noire :
Je n'ai pu soutenir tes larmes, tes combats
Je t'ai tout avoué ; je ne m'en repens pas,
Pourvu que de ma mort respectant les approches
Tu ne m'affliges plus par d'injustes reproches,
Et que tes vains secours cessent de rappeler
Un reste de chaleur tout prêt à s'exhaler.

(Acte I, scène 3)

3.

Dire pour agir et faire réagir

Loin d'être une pause dans l'intrigue, le récit au théâtre précipite bien souvent l'action. L'aveu de Phèdre rend irrévocable son amour et l'exhibe au grand jour : il déclenche la catastrophe. Dans une moindre mesure, la relation de l'exécution de Kaliayev suscite chez Dora la haine et le désespoir qui la feront à son tour lancer la bombe. Conçu comme une parenthèse dans les événements, le récit s'insère dans l'économie de l'intrigue et devient lui-même un fait. Il crée la surprise puisque ce qui est révélé, souvent brutalement, était ignoré des autres protagonistes. Il catalyse le tragique et le monologue ne ralentit qu'en apparence l'action pour en réalité faire monter la tension dramatique. Il est en général suivi de réactions violentes et hâte le dénouement. Le célèbre récit de la mort d'Hippolyte par Théramène dans *Phèdre* de Racine anéantit Thésée et provoque le suicide de l'héroïne. Le messager qui annonce au théâtre la disparition d'un personnage accélère le processus tragique et la succession de nouveaux récits. Séduit et fasciné, le spectateur sait alors qu'il faut reculer devant la monstruosité et repousser ce qui horrifie. Avec la *catharsis* (purger les passions, selon Aristote), la distance se recompose. La narration au théâtre correspond à ce moment de démesure où le héros se dresse dans la mêlée de la bataille ou affronte ses passions pour vivre, jusqu'au bout et dans la solitude, les déchirements de son cœur. Si le récit épargne au public la vision des cadavres mutilés, il le laisse stupéfait par l'atrocité de ce qui est dit. Et pendant qu'Œdipe se crève les yeux, le spectateur, lui, est censé regarder d'un œil nouveau son existence.

SOPHOCLE (v. 496- v. 406 av. J.-C.)

Œdipe roi (v. 435 av. J.-C.)

(trad. Paul Mazon, Les Belles-Lettres, 1962)

La vérité vient d'être révélée, comme la prophétie l'avait annoncé Œdipe a tué son père, Laïos, et épousé Jocaste, sa propre mère. Le messager raconte ici au coryphée la mort de Jocaste et la réaction d'Œdipe qui vient de tout comprendre.

LE CORYPHÉE : Ce que nous savions nous donnait déjà matière à gémir : qu'y viens-tu ajouter encore ?
LE MESSAGER : Un mot suffit, aussi court à dire qu'à entendre : notre noble Jocaste est morte.
LE CORYPHÉE : La malheureuse ! Et qui causa sa mort ?

LE MESSAGER : Elle-même. Mais le plus douloureux de tout cela t'échappe : le spectacle du moins t'en aura été épargné. Malgré tout, dans la mesure où le permettra ma mémoire, tu vas savoir ce qu'a souffert l'infortunée. À peine a-t-elle franchi le vestibule que, furieuse, elle court vers le lit nuptial, en s'arrachant à deux mains les cheveux. Elle entre et violemment ferme la porte derrière elle. Elle appelle alors Laïos, déjà mort depuis tant d'années ; elle évoque les enfants que jadis il lui donna et par qui il périt lui-même, pour laisser la mère à son tour donner à ses propres fils une sinistre descendance. Elle gémit sur la couche où, misérable, elle enfanta un époux de son époux et des enfants de ses enfants ! Comment elle périt ensuite, je l'ignore, car à ce moment Œdipe, hurlant, tombe au milieu de nous, nous empêchant d'assister à sa fin : nous ne pouvons plus regarder que lui. Il fait le tour de notre groupe ; il va, il vient, nous suppliant de lui fournir une arme, nous demandant où il pourra trouver l'épouse qui n'est pas son épouse, mais qui fut un champ maternel à la fois pour lui et pour ses enfants. Sur quoi un dieu sans doute dirige sa fureur, car ce n'est certes aucun de ceux qui l'entouraient avec moi. Subitement, il poussa un cri terrible et, comme mené par un guide, le voilà qui se précipite sur les deux vantaux de la porte, fait fléchir le verrou qui saute de la gâche, se rue enfin au milieu de la pièce... La femme est pendue ! Elle est là, devant nous, étranglée par le nœud qui se balance au toit... Le malheureux à ce spectacle pousse un gémissement affreux. Il détache la corde qui pend, et le pauvre corps tombe à terre... C'est un spectacle alors atroce à voir. Arrachant les agrafes d'or qui servaient à draper ses vêtements sur elle, il les lève en l'air et il se met à en frapper ses deux yeux dans leurs orbites. « Ainsi ne verront-ils plus, dit-il, ni le mal que j'ai subi, ni celui que j'ai causé ; ainsi les ténèbres leur défendront-elles de voir désormais ceux que je n'eusse pas dû voir, et de manquer de reconnaître ceux que, malgré tout, j'eusse voulu connaître ! » Et tout en clamant ces mots, sans répit, les bras levés, il se frappait les yeux, et leurs globes en sang coulaient sur sa barbe. Ce n'étaient pas un suintement de gouttes rouges, mais une noire averse de grêle et de sang, inondant son visage !… Le désastre a éclaté, non par sa seule faute, mais par le fait de tous deux à la fois : c'est le commun désastre de la femme et de l'homme. Leur bonheur d'autrefois était hier encore un bonheur au sens vrai du mot : aujourd'hui, au contraire, sanglots, désastre, mort et ignominie, toute tristesse ayant un nom se rencontre ici désormais ; pas une qui manque à l'appel !

4.

Le meurtre du réel

Racontant la catastrophe et la déclenchant tout à la fois, les mots encerclent le réel et finissent par s'y substituer au point qu'il n'est plus même nécessaire qu'ils disent la vérité. Un mensonge ou un récit erroné peuvent tout aussi bien faire agir ou tuer : c'est alors l'illusion du théâtre qui déclenche la révélation d'une vérité qui ne pouvait se dire autrement. Non seulement le récit remplace l'action, mais il parvient à dissoudre le réel qui n'existe plus que dans le langage. C'est déjà ce que Camus remarquait dans un article consacré à l'intellectuel Brice Parain (« Sur une philosophie de l'expérience ») :

> Ou bien, en effet, nos mots traduisent seulement nos impressions et ils participent ainsi de leur contingence, hors de toute signification précise, ou bien ils représentent quelque vérité idéale et, alors, ils n'ont que faire de la réalité sensible sur laquelle ils sont sans action. Ainsi nous ne pouvons nommer les choses que

d'une façon incertaine, et nos mots ne deviennent certains qu'à partir du moment où ils ne désignent plus les choses.

Le récit au théâtre entreprend d'être le seul réel possible : s'il raconte souvent la mort des personnages, il réalise dans le même temps le meurtre du réel et sa métamorphose par le langage. Dès lors, au lieu de faire le répertoire de ce qui est ou de susciter les événements, il devient la seule réalité possible.

Jean GENET (1910-1986)

Les Bonnes (1947)

(« La bibliothèque Gallimard » n° 121)

Dans Les Bonnes, *deux sœurs, Solange et Claire, envisagent de tuer leur maîtresse, Madame, et se préparent au meurtre en le mimant durant toute la pièce. Celle-ci s'achève sur le récit halluciné effectué par Solange d'un crime qui n'aura finalement pas lieu mais qui possède la jeune femme jusqu'à la folie.*

SOLANGE : Je continuerai, seule, seule, ma chère. Ne bougez pas. Quand vous aviez de si merveilleux moyens, il était impossible que Madame s'en échappât. (*Marchant sur Claire.*) Et cette fois, je veux en finir avec une fille aussi lâche.
CLAIRE : Solange ! Solange ! Au secours !
SOLANGE : Hurlez si vous voulez ! Poussez même votre dernier cri, Madame ! (*Elle pousse Claire qui reste accroupie dans un coin.*) Enfin ! Madame est morte ! étendue sur le linoléum… étranglée par les gants de la vaisselle. Madame peut rester assise ! Madame peut m'appeler mademoiselle Solange. Justement. C'est à cause de ce que j'ai fait. Madame et Monsieur m'appelleront mademoiselle Solange Lemercier… Madame aurait dû enlever cette robe noire, c'est grotesque. (*Elle imite la*

voix de Madame.) M'en voici réduite à porter le deuil de ma bonne.

À la sortie du cimetière, tous les domestiques du quartier défilaient devant moi comme si j'eusse été de la famille. J'ai si souvent prétendu qu'elle faisait partie de la famille. La morte aura poussé jusqu'au bout la plaisanterie. Oh ! Madame… Je suis l'égale de Madame et je marche la tête haute… (*Elle rit.*) Non, monsieur l'Inspecteur, non… Vous ne saurez rien de mon travail. Rien de notre travail en commun. Rien de notre collaboration à ce meurtre… Les robes ? Oh ! Madame peut les garder. Ma sœur et moi nous avions les nôtres. Celles que nous mettions la nuit en cachette. Maintenant, j'ai ma robe et je suis votre égale. Je porte la toilette rouge des criminelles. Je fais rire Monsieur ? Je fais sourire Monsieur ? Il me croit folle. Il pense que les bonnes doivent avoir assez bon goût pour ne pas accomplir de gestes réservés à Madame ! Vraiment il me pardonne ? Il est la bonté même. Il veut lutter de grandeur avec moi. Mais j'ai conquis la plus sauvage… Madame s'aperçoit de ma solitude ! Enfin ! Maintenant je suis seule. Effrayante. Je pourrais vous parler avec cruauté, mais je peux être bonne… Madame se remettra de sa peur. Elle s'en remettra très bien. Parmi ses fleurs, ses parfums, ses robes. Cette robe blanche que vous portiez le soir au bal de l'Opéra. Cette robe blanche que je lui interdis toujours. Et parmi ses bijoux, ses amants. Moi, j'ai ma sœur. Oui, j'ose en parler. J'ose, madame. Je peux tout oser. Et qui, qui pourrait me faire taire ? Qui aurait le courage de me dire : « Ma fille ? » J'ai servi. J'ai eu les gestes qu'il faut pour servir. J'ai souri à Madame. Je me suis penchée pour faire le lit, penchée pour laver le carreau, penchée pour éplucher les légumes, pour écouter aux portes, coller mon œil aux serrures. Mais maintenant, je reste droite. Et solide. Je suis l'étrangleuse. Mademoiselle Solange, celle qui étrangla sa sœur ! Me taire ? Madame est délicate vraiment. Mais j'ai pitié de Madame. J'ai pitié de la blancheur de Madame, de sa peau satinée, de ses petites oreilles, de ses petits poignets… Je suis la poule noire, j'ai mes juges. J'appartiens à la police. Claire ? Elle aimait vraiment beaucoup, beaucoup, Madame !… Non, monsieur l'Inspecteur, je n'expliquerai rien devant eux. Ces choses-là ne regardent que nous… Cela, ma petite, c'est notre nuit à nous ! (*Elle allume une cigarette et fume d'une façon maladroite. La fumée la fait tousser.*) Ni vous ni personne ne saurez rien, sauf que cette fois Solange est allée jusqu'au bout. Vous la voyez vêtue de rouge. Elle va sortir. (*Solange se dirige vers la fenêtre, l'ouvre et monte sur le balcon. Elle dira, le dos au public, face à la nuit, la tirade qui suit. Un vent léger fait bouger les rideaux.*) Sortir. Descendre le grand escalier : la police l'accompagne. Mettez-vous au balcon pour la voir marcher entre les pénitents noirs. Il est midi. Elle porte alors une torche de neuf livres. Le bourreau la suit de près. À l'oreille il lui chuchote des mots d'amour. Le bourreau m'accompagne, Claire ! Le bourreau m'accompagne ! (*Elle rit.*) Elle sera conduite en cortège par toutes les bonnes du quartier, par tous les domestiques qui ont accompagné Claire à sa dernière demeure. (*Elle regarde dehors.*) On porte des couronnes, des fleurs, des oriflammes, des banderoles, on sonne le glas. L'enterrement déroule sa pompe. Il est beau, n'est-ce pas ? Viennent d'abord les maîtres d'hôtel, en frac, sans revers de soie. Ils portent leurs couronnes. Viennent ensuite les valets de pied, les laquais en culottes courtes et bas blancs. Ils portent leurs couronnes. Viennent ensuite les valets de chambre, puis les femmes de chambre portant nos couleurs. Viennent les concierges, viennent encore les délégations du ciel. Et je les conduis. Le bourreau me berce. On m'acclame. Je suis pâle et je vais mourir. (*Elle rentre.*) Que de fleurs ! On lui a fait un bel enterrement, n'est-ce pas ? Claire ! (*Elle éclate en sanglots et s'effondre dans un fauteuil… Elle se relève.*) Inutile, Madame, j'obéis à la police. Elle seule me comprend. Elle aussi appartient au monde des réprouvés. (*Accou-*

dée au chambranle de la porte de la cuisine, depuis un
moment, Claire, visible seulement du public, écoute sa sœur.)

5.

Dire pour survivre

Ce qui fascine le public, ce n'est pas tant la puissance de sentiments qu'il ne peut partager complètement que la clôture d'une vie menée jusqu'au point final et qui devient un destin là où le quotidien banal n'offre que l'anonymat et la monotonie. Le récit au théâtre, comme toute création, donne au spectateur l'image d'une vie intense et fulgurante brisée par la mort, mais aboutie, pleine, jusqu'à se rompre. Dans la vie, on meurt seul. Au théâtre, on peut rêver comme Yanek d'être accompagné par la pensée de ses frères ou par la main du bourreau : il y a toujours des gens qui regardent et témoigneront ensuite. Dans *Les Justes,* la mort s'habille ainsi de formules : elle s'enveloppe timidement de récits, transfigurée par les mots, plus abstraite qu'un corps qui saigne, plus sublime qu'un corps qui craque. L'organisation des répliques répartit le récit de la passion de Kaliayev comme autant de stations, peut-être pour le sauver de la solitude et d'une dernière désillusion : ce *nada* auquel tout être réel est voué. Ce sont les mots de Stepan et de Dora qui transforment la vie de Yanek en destin. On comprend que ses dernières paroles comptent autant : ce sont elles qui resteront. Comme dans toute tragédie, les personnages meurent mais ce dont ils témoignent survit par la métamorphose que le langage imprime à ce qui est précaire. En cela, ils seront toujours plus hauts que ce qui les terrasse.

Chronologie

Albert Camus et son temps

ACTUEL CAMUS ? ASSURÉMENT ! Parce que journaliste, il fut « la mauvaise conscience de son temps » et son exigence de vérité pourrait servir d'horizon, sinon de déontologie, à ceux qui se destinent à ce métier. Parce qu'écrivain, il fut à la recherche d'un langage qui pèserait sur la terre et qui parlerait à tous à l'inverse de ce qu'il appelait le « verbiage humanitaire ». Parce que philosophe, il a affirmé que « la liberté est dangereuse, dure à vivre autant qu'exaltante » et que les lois de l'esprit sont plus fortes que celles de l'Histoire ou de ses avatars modernes. Parce qu'être humain, il nous rappelle que si nous ne sommes jamais totalement innocents et portons chacun notre peste, un homme est « celui qui s'empêche » et fixe des limites devant l'horreur et le mensonge.

1.

« Il faut imaginer Sisyphe heureux » (*Le Mythe de Sisyphe*, 1942)

Toute l'œuvre de Camus donne à voir en filigrane l'espoir d'un horizon solaire où se dessineraient des îles fortunées, forcément méditerranéennes. La question de l'absurde, ce sentiment qui provient de la « confrontation entre l'appel humain et le silence déraisonnable du monde », ouvre certes sur celle du suicide qui ne quitta jamais tout à fait Camus, mais elle débouche surtout sur les raisons de survivre. « Il n'y a pas de soleil sans ombre, et il faut connaître la nuit. » Et Camus, lui, a commencé par la lumière aveuglante d'Algérie. La pensée du tragique dévale chez Camus vers le territoire de l'enfance, vers la mer « qui roule ses chiens blancs ».

Si l'œuvre de Camus porte à ce point la marque (et parfois le regret) du bonheur, c'est parce qu'il l'a connu dès l'enfance et qu'il n'a pas pu l'oublier. Né en 1913 à Mondovi en Algérie, Camus n'a pas le temps de connaître son père qui vient d'être mobilisé en France et va mourir de ses blessures reçues à la bataille de la Marne. Élevé par sa mère, Catherine Sintès, et par sa grand-mère, à Alger dans le quartier pauvre de Belcourt, Camus a une enfance plus que modeste mais, d'après son propre témoignage dans *Le Premier Homme*, il est heureux. La vie se déroule paisiblement entre les parties de football avec les copains, les baignades et l'école où son instituteur, Louis Germain, lui fait découvrir la lecture (*Les Croix de bois* de Dorgelès le marque profondément) et remplace, d'une certaine manière, le père manquant. L'instituteur convainc la rude et sévère grand-mère d'Albert qu'il faut que l'enfant passe le concours des bourses pour les lycées et collèges. Il l'aide en lui donnant des cours supplémentaires ; Camus réussit et intègre le grand lycée d'Alger en 1923. Le 10 décembre 1957, Camus devenu prix Nobel dira dans son discours sa fidélité à l'instituteur qui lui ouvrit les portes de la littérature.

L'Absurde pourtant guette : alors que le jeune homme dévore tous les livres qui tombent sous ses yeux avides, alors qu'il a trouvé en Jean Grenier son professeur de philosophie un nouveau guide exigeant qui l'encourage à devenir écrivain (il rédige à cette époque pour la revue *Sud* un essai sur Paul Verlaine, une étude sur Henri Bergson et une autre sur la musique), il se découvre atteint de la tuberculose.

> Mais pressentir la mort à la simple vue d'un mouchoir rempli de sang sans effort c'est être replongé dans le temps de façon vertigineuse : c'est l'effroi du devenir (*Carnets* n° IV).

1914-1918   Première Guerre mondiale.
1914   *Les Caves du Vatican* d'André Gide.
1919   *Les Croix de bois* de Roland Dorgelès.
1928   *Les Conquérants* d'André Malraux.
1932   Crise économique en France.

2.

« Une génération intéressante »

Une vie barrée n'en devient que plus intense. Camus poursuit ses études et se destine à la philosophie : en 1936, il présente un diplôme d'études supérieures, sous la direction de Jean Grenier, consacré à la métaphysique chrétienne et au néoplatonisme. Ses nombreuses lectures (Pascal, Kierkegaard, Nietzsche, Melville, Dostoïevski) pourraient en faire un nihiliste pour qui tout se vaut et qui ne croit en rien, mais, bien au contraire, elles l'engagent à dépasser cet esprit de négation qui conduira toute une génération au génocide. Portrait de l'enfant du demi-siècle :

> Ceux qui ont mon âge, en France et en Europe, sont nés juste avant ou pendant la première grande guerre ; ils sont devenus adolescents avec la crise économique mondiale, et avaient vingt ans quand Hitler est arrivé au pouvoir. La guerre d'Espagne, Munich, la guerre de 39, la défaite et quatre années d'occupation et de lutte clandestine viennent compléter leur éducation. (« La crise de l'homme », 1946, conférence donnée aux États-Unis).

Face au déferlement des événements et à la montée des fascismes, Camus a choisi son camp, à gauche ; un temps séduit par le parti communiste, il rend sa carte en 1937 parce qu'il refuse d'abandonner la défense des revendications arabes sous le prétexte de l'intérêt supérieur d'accords secrets passés entre Laval et Moscou. La même année, il fait paraître son premier essai (*La Mort heureuse*), il fonde la troupe du théâtre de l'Équipe où il s'essaie notamment à la création collective (*Révolte dans les Asturies*), il signe le manifeste de soutien au projet de Blum-Violette qui devait accorder un minimum de droits aux Algériens et commence sa carrière de journaliste à *L'Alger républicain* pour lequel il couvre des procès politiques concernant les excès de la colonisation (affaires Hodent et El-Okby). En 1939, il sera envoyé en reportage en Kabylie et dénoncera l'atroce et misérable vie des populations.

Côté cœur, Camus s'engage avec moins de certitudes : en 1934, il a épousé Simone Hié dont il divorce deux ans plus tard.

1933	Hitler Chancelier du Reich.
1935	*Le Temps du mépris* d'André Malraux.
1936	Le Front populaire arrive au pouvoir en France. Début de la guerre d'Espagne. *Retour d'URSS* d'André Gide.
1938	*La Nausée* de Jean-Paul Sartre.

3.

« L'avocat perpétuel de la créature vivante » (conférence donnée en Suède le 14 décembre 1957)

Au début de la Seconde Guerre mondiale, Camus gagne Paris où il travaille d'abord comme technicien à *Paris-Soir*. Il s'exile ensuite à Clermont-Ferrand puis à Lyon. Il épouse en 1940 Francine Faure. Refusant de participer à la presse collaboratrice, il vit à partir de 1943 de son travail de lecteur chez Gallimard et il devient rédacteur au journal clandestin *Combat*. Les éditoriaux qu'il propose jusqu'en 1947 sont connus pour leur intransigeance, mais aussi leur âpre exigence de justice. Il y aborde les questions éthiques qui seront centrales dans *Les Justes* et *L'Homme révolté* et y affirme sans cesse la nécessité de concilier la morale et la politique, quitte à passer pour un «idéaliste impénitent». En 1943, *Lettres à un ami allemand* propose une analyse ferme des dérives du nihilisme («Il est des moyens qui ne s'excusent pas») et annonce sans triomphalisme la victoire tant morale que militaire des résistants.

> Je sais que le ciel qui fut indifférent à vos atroces victoires le sera encore à votre juste défaite. Aujourd'hui

encore, je n'attends rien de lui. Mais nous aurons au moins contribué à sauver la créature de la solitude où vous vouliez la mettre. Pour avoir dédaigné cette fidélité à l'homme, c'est vous qui, par milliers, allez mourir solitaires.

En 1945, il s'insurge contre les massacres de Sétif en Algérie et contre l'explosion des bombes atomiques au Japon. En 1947, il proteste contre la répression de la révolte de Madagascar par l'armée française et plus tard, en 1952, il démissionne de l'Unesco qui vient d'admettre en son sein le général Franco… La liste de ses engagements est bien plus longue mais ce qui frappe, c'est le fait que, contrairement à bien des intellectuels de l'époque, Camus ne choisit pas ses interventions en fonction de ses opinions politiques, n'hésitant pas à manifester aux côtés de ceux avec lesquels il s'est brouillé (Sartre, Mauriac ou même Breton) ou qui ne sont pas de son bord.

Pendant la guerre, Camus se consacre également beaucoup à l'écriture et commence à connaître le succès. En 1942, *L'Étranger* et *Le Mythe de Sisyphe* le révèlent aux intellectuels ; on le situe alors, contre sa volonté, dans la mouvance des existentialistes. Si *Le Malentendu*, créé en 1944, est mal accueilli par le public comme par la critique, *Caligula*, incarné par Gérard Philipe en 1945, plaît et boucle brillamment le premier cycle de son œuvre consacré à l'Absurde. En 1947, *La Peste* est un succès populaire majeur : 100 000 exemplaires vendus trois mois après la publication. Camus a trente-cinq ans, il est père de deux jumeaux nés en 1945, il a pour maîtresse la belle Maria Casarès, il va enfin gagner de l'argent, il est célèbre et réclamé.

1939-1945   Seconde Guerre mondiale.
1944   *Huis clos* de Jean-Paul Sartre.
1945   Armistice. Massacres de Sétif en Algérie. Bombes
       d'Hiroshima et de Nagasaki.
1946   Début de la guerre d'Indochine.
1947   Début de la guerre froide.

4.

« Je me révolte, donc nous sommes »
(*L'Homme révolté*, 1951)

E n quittant *Combat* en 1947, Camus n'en a pas fini avec les polémiques. Après s'être opposé à Mauriac et s'être peu à peu dégoûté de la tournure que prenaient les procès dits d'épuration, Camus entre en conflit à propos du régime soviétique avec ceux qu'il cesse progressivement d'appeler ses amis. Déjà *Les Justes,* monté en 1949, laissait présager la trahison de l'esprit de révolte au nom de l'efficacité : si Kaliayev ne souhaita pas survivre au meurtre, d'autres eurent à sa suite moins de scrupules. Et les voici justement au pouvoir de l'autre côté du rideau de fer. Les meurtriers ont oublié d'être délicats, tuent et font tuer sans compter et sans limites, et ils demandent à en être récompensés car leur justification ne fait plus aucun doute. Camus publie en 1951 *L'Homme révolté* et rompt définitivement avec les existentialistes qu'il nommera plus tard dans *La Chute* les « juges-pénitents ». En opposant l'esprit généreux de la révolte à son dévoiement dans la révolution telle que la conçoit le régime soviétique de Staline, Camus affirme que l'URSS et les intellectuels qui la soutiennent aveuglément ont remplacé l'imposture religieuse du jugement dernier par un mensonge rationnel : l'Histoire est devenue un juge implacable qui justifie tous les sacrifices et les crimes au nom d'un hypothétique bonheur à venir. L'écrivain ne cesse de réclamer justice en avocat du genre humain, refusant les silences et les compromis. La querelle avec Sartre blesse profondément Camus et *La Chute*, qui paraît en 1956, donne une idée précise du désarroi et du malaise de l'écrivain qui peine, de surcroît, à gérer son sentiment de culpabilité vis-à-vis de sa femme. Paris devient un enfer pour Camus qui voyage et se réfugie au théâtre où il adapte les œuvres qu'il aime : *Un cas intéressant* de Buzzati en 1955, *Requiem pour une nonne* de Faulkner en 1956, *Les Possédés* de Dostoïevski en 1959. Mais, de l'autre côté de la Méditerranée, autre chose est en train de se déchirer.

1950   Guerre de Corée. *La Cantatrice chauve* d'Eugène Ionesco.

1951   Début des guerres pour les indépendances en Tunisie et au Maroc. Jean Vilar prend la direction du Théâtre national populaire (TNP). *Requiem pour une nonne* de William Faulkner.

1953   Mort de Staline. Débuts du nouveau roman en France.

1956   *Nedjma* de Kateb Yacine.

1957   *L'Opium des intellectuels* de Raymond Aron.

5.

« J'ai mal à l'Algérie ! »

Parce qu'il ne l'a jamais ignorée et n'a cessé de lutter contre l'indifférence si périlleuse des gouvernements, « Pilate qui se lavent les mains », parce qu'il retourne régulièrement voir sa mère et contempler la mer (en 1954 il publie le recueil *L'Été* où il évoque notamment son « retour à Tipasa »), Camus aborde la « question algérienne » avec une lucidité d'esprit qui étonne encore aujourd'hui : dans les articles qu'il propose à *L'Express*, entre mai 1955 et février 1956, on trouve de quoi appréhender les déchirures les plus contemporaines. Hostile au terrorisme dirigé contre les populations comme à la répression aveugle menée par la France, Camus multiplie les démarches, tel l'appel à la trêve pour les civils du 20 janvier 1956 ou, plus discrètement, telles ses demandes auprès du gouvernement pour libérer des dirigeants ou militants du FLN. Il plaide jusqu'à la fin pour la possibilité de « cheminer sans y tomber, entre les deux abîmes de la démission et de l'injustice ». On lui reprochera tant son silence que ses paroles. Et quand un jeune Algérien l'interroge sur le conflit lors de la remise d'un prix Nobel de littérature en 1957, il lui répond : « J'ai toujours condamné la terreur, je dois condamner aussi un terrorisme qui s'exerce aveuglément, dans les rues d'Alger, par exemple et qui un jour peut frapper ma mère ou ma famille. Je crois en la justice, mais je défendrai ma mère avant la justice. »

1954	Début de la guerre en Algérie. Fin de la guerre en Indochine.
1956	Indépendance du Maroc. Crise de Suez. Écrasement de la révolte de Budapest. *Fin de partie* de Samuel Beckett.
1957	Bataille d'Alger.

6.

« Qu'il est dur,
qu'il est amer d'être homme »
(*Caligula*, 1945)

Cette réponse, parce qu'elle a été diversement interprétée au moment où l'Algérie sombre dans l'abîme, éclaire toute la complexité de la pensée de Camus. La rapide biographie de ses engagements politiques ci-dessus pourrait faire croire à la limpidité d'une trajectoire, pourtant la lecture de ses *Carnets* et surtout de *La Chute* révèle un doute permanent jusqu'au désespoir, une amertume face aux trahisons ou à l'infidélité, une peur d'être incompris ou de ne plus pouvoir écrire, un orgueil violent, des sentiments mal maîtrisés, une culpabilité, enfin, de n'être pas celui qu'on a voulu être. En somme, on y découvre l'épaisseur et la densité d'un homme qui a toujours préféré les créatures, la terre et sa mère aux grands principes abstraits trop aisément manipulables, même s'ils ont guidé ses choix avec une rectitude parfois proche de la rigidité. Camus est un être de chair, parfois amer et souvent déchiré, qui dit n'avoir jamais été aussi heureux que sur les planches d'un théâtre, seul lieu où l'on ne ment pas.

Le 4 janvier 1960, il est tué en voiture aux côtés de

Michel Gallimard. Une sacoche contient son dernier roman inachevé en partie autobiographique : *Le Premier Homme.*

Lors d'une de ses dernières interviews (*Reconstruire,* Buenos Aires, janvier-février 1960), il avait répondu à la question « Que devrait-on faire pour arriver à un monde moins opprimé par le besoin et plus libre ? » : « Donner quand on peut. Et ne pas haïr, si l'on peut. »

1958   De Gaulle arrive au pouvoir. Début de la Ve République. Le 4 juin le Général lance à la foule réunie à Alger : «Je vous ai compris.» Parution de *La Question* d'Henri Alleg.

1959   L'autodétermination est donnée aux Algériens.

1960   « Manifeste des 121 » : déclaration sur le droit à l'insoumission dans la guerre d'Algérie.

1961   *Les Paravents* de Jean Genet.

1962   Fin de la guerre en Algérie. Indépendance du pays.

Éléments pour une fiche de lecture

Regarder le tableau

- À première vue le tableau vous semble-t-il figuratif ? Quels traits y discernez-vous ?
- Décrivez l'atmosphère qui se dégage de la toile. D'après vous, qu'est-ce qui génère cette forme de violence ? Observez l'usage de la matière picturale et interrogez-vous sur son rapport à la chair.
- Recherchez d'autres tableaux peints pendant la guerre et établissez une typologie des attitudes adoptées par les artistes face à la réalité de leur temps.

Les personnages

- Faites brièvement le portrait psychologique de chaque personnage et retracez son évolution entre l'acte I et la fin de la pièce.
- Précisez ce qui oppose et ce qui rapproche Stepan et Kaliayev, Dora et Kaliayev, Dora et Stepan.
- Que sait-on de la vie personnelle des terroristes : en quoi ces indices contribuent-ils à les humaniser ?

Expliquent-ils leurs réactions et convictions politiques ?

- Pourquoi Yanek mérite-t-il le surnom de « poète » ?

Les thématiques

- Camus a finalement choisi « Les Justes » comme titre
  de sa pièce après avoir songé à « La Corde », aux
  « Innocents » ou aux « Coupables » : justifiez ces
  autres titres.
- Repérez les différentes mentions faites à l'enfance et
  à la jeunesse dans la pièce ainsi que dans ses
  variantes : quelles images complexes Camus en
  donne-t-il ? Expliquez ensuite la phrase de Dora :
  « Nous avons fait le tour de l'homme. »
- Les justes sont-ils des révoltés, des bourreaux ou des
  victimes ? Pour vous aider, lisez le chapitre I de
  L'Homme révolté.
- Quel est le rôle joué par la religion et de façon plus
  large par la foi dans *Les Justes* ?
- Vers quelle lecture de la pièce nous dirige l'épigraphe choisie par Camus ? Vous paraît-elle justi-
  fiée ?

La composition et les éléments dramatur-
giques

- Donnez un titre à chaque acte de la pièce et faites-en
  le résumé.
- Essayez d'établir à l'intérieur de chaque acte un
  découpage en scènes. Pourquoi, à votre avis, Camus
  n'a-t-il pas choisi d'introduire des scènes dans sa
  pièce ?
- En quoi l'acte IV se distingue-t-il des autres ? Pour-

quoi est-il capital à la fois pour l'intrigue et pour l'évolution du personnage de Yanek ?

- Faites le répertoire des didascalies de la pièce en les classant par types. Comment interpréter leur faible nombre ? Qu'en déduisez-vous concernant la liberté que Camus laisse aux acteurs et au metteur en scène ?

- Imaginez que vous êtes metteur en scène : quelles indications donneriez-vous aux acteurs pour jouer la scène de l'acte II où Kaliayev revient à l'appartement et explique à ses compagnons qu'il n'a pas pu lancer la bombe ?

Travail d'écriture

- Rédigez la lettre que Kaliayev envoie à ses compagnons juste avant son exécution et celle qu'il transmet à Dora. Comparez ensuite votre texte avec les vraies lettres que vous pourrez trouver dans l'édition des *Justes*, « Folio théâtre », Gallimard, 2008, p. 203-204.

- Dans *Caligula,* Camus fait dire à son personnage principal : « Qu'il est dur, qu'il est amer de devenir un homme. » Pensez-vous qu'on puisse illustrer cette affirmation à l'aide des *Justes* ?

- « Pas de théâtre sans langage et sans style, ni d'œuvre dramatique qui, à l'exemple de notre théâtre classique et des tragiques grecs, ne mette en jeu le destin humain tout entier dans ce qu'il a de simple et de grand » (« Pourquoi je fais du théâtre ? », Émission Gros Plan, 1959). Dans quelle mesure *Les Justes* répond à cette exigence énoncée par Camus ?

Lycée

Série Classiques

Jean RACINE, *Phèdre* (151)
Jean RACINE, *Mithridate* (206)
Jean RACINE, *Bérénice* (228)
Raymond RADIGUET, *Le Bal du comte d'Orgel* (230)
Rainer Maria RILKE, *Lettres à un jeune poète* (59)
Arthur RIMBAUD, *Illuminations* (193)
Edmond ROSTAND, *Cyrano de Bergerac* (70)
SAINT-SIMON, *Mémoires* (64)
Nathalie SARRAUTE, *Enfance* (28)
Jorge SEMPRUN, *L'Écriture ou la vie* (234)
William SHAKESPEARE, *Hamlet* (54)
William SHAKESPEARE, *Macbeth* (259)
SOPHOCLE, *Antigone* (93)
SOPHOCLE, *Œdipe Roi + Le mythe d'Œdipe* (anthologie) (264)
STENDHAL, *La Chartreuse de Parme* (74)
STENDHAL, *Vanina Vanini et autres nouvelles* (200)
Michel TOURNIER, *Vendredi ou les limbes du Pacifique* (132)
Vincent VAN GOGH, *Lettres à Théo* (52)
VOLTAIRE, *Candide ou l'Optimisme* (7)
VOLTAIRE, *L'Ingénu* (31)
VOLTAIRE, *Micromégas* (69)
Émile ZOLA, *Thérèse Raquin* (16)
Émile ZOLA, *L'Assommoir* (140)
Émile ZOLA, *Au Bonheur des Dames* (232)
Émile ZOLA, *La Bête humaine* (239)
Émile ZOLA, *La Curée* (257)

Série Philosophie

Notions d'esthétique (anthologie) (110)
Notions d'éthique (anthologie) (171)
ALAIN, *44 Propos sur le bonheur* (105)

Hannah ARENDT, *La Crise de l'éducation* extrait de *La Crise de la culture* (89)

ARISTOTE, *Invitation à la philosophie (Protreptique)* (85)

Walter BENJAMIN, *L'œuvre d'art à l'époque de sa reproductibilité technique* (123)

Émile BENVENISTE, *La communication*, extrait de *Problèmes de linguistique générale* (158)

Albert CAMUS, *Réflexions sur la guillotine* (136)

René DESCARTES, *Méditations métaphysiques* – « 1, 2 et 3 » (77)

René DESCARTES, *Des passions en général*, extrait de *Les Passions de l'âme* (129)

René DESCARTES, *Discours de la méthode* (155)

Denis DIDEROT, *Le Rêve de d'Alembert* (139)

Émile DURKHEIM, *Les règles de la méthode sociologique* – « Préfaces, chapitres 1, 2 et 5 » (154)

ÉPICTÈTE, *Manuel* (173)

Michel FOUCAULT, *Droit de mort et pouvoir sur la vie*, extrait de *La Volonté de savoir* (79)

Sigmund FREUD, *Sur le rêve* (90)

Thomas HOBBES, *Léviathan* – « Chapitres 13 à 17 » (111)

David HUME, *Dialogues sur la religion naturelle* (172)

François JACOB, *Le programme* et *La structure visible*, extraits de *La logique du vivant* (176)

Emmanuel KANT, *Des principes de la raison pure pratique*, extrait de *Critique de la raison pratique* (87)

Emmanuel KANT, *Idée d'une histoire universelle au point de vue cosmopolitique* (166)

Étienne de LA BOÉTIE, *Discours de la servitude volontaire* (137)

G. W. LEIBNIZ, *Préface aux Nouveaux essais sur l'entendement humain* (130)

Claude LÉVI-STRAUSS, *Race et histoire* (104)

Nicolas MACHIAVEL, *Le Prince* (138)

Nicolas MALEBRANCHE, *La Recherche de la vérité* – « De l'imagination, 2 et 3 » (81)

Marc AURÈLE, *Pensées* – « Livres II à IV » (121)

Karl MARX, *Feuerbach. Conception matérialiste contre conception idéaliste* (167)

Maurice MERLEAU-PONTY, *L'Œil et l'Esprit* (84)

Maurice MERLEAU-PONTY, *Le cinéma et la nouvelle psychologie* (177)

John Stuart MILL, *De la liberté de pensée et de discussion*, extrait de *De la liberté* (122)

Friedrich NIETZSCHE, *La « faute », la « mauvaise conscience » et ce qui leur ressemble (Deuxième dissertation)*, extrait de *La Généalogie de la morale* (86)

Friedrich NIETZSCHE, *Vérité et mensonge au sens extramoral* (139)

Blaise PASCAL, *Trois discours sur la condition des Grands et six liasses extraites des Pensées* (83)

PLATON, *La République* – « Livres 6 et 7 » (78)

PLATON, *Le Banquet* (109)

PLATON, *Apologie de Socrate* (124)

PLATON, *Gorgias* (159)

Jean-Jacques ROUSSEAU, *Discours sur l'origine et les fondements de l'inégalité parmi les hommes* (82)

SAINT AUGUSTIN, *La création du monde et le temps* – « Livre XI, extrait des Confessions » (88)

Baruch SPINOZA, *Lettres sur le mal* – « Correspondance avec Blyenbergh » (80)

Alexis de TOCQUEVILLE, *De la démocratie en Amérique I* – « Introduction, chapitres 6 et 7 de la deuxième partie » (97)

Simone WEIL, *Les Besoins de l'âme*, extrait de *L'Enracinement* (96)

Ludwig WITTGENSTEIN, *Conférence sur l'éthique* (131)

Composition Bussière
Impression Novoprint
à Barcelone, le 4 avril 2016
Dépôt légal : avril 2016
1ᵉʳ dépôt légal : décembre 2009.

ISBN 978-2-07-040606-7/Imprimé en Espagne.

301493